总主编◎刘德海
人文社会科学通识文丛

关于**三国**的100个故事

100 Stories of
Records of
the three kingdoms

江辉◎著

南京大学出版社

江苏省哲学社会科学界联合会

《人文社会科学通识文丛》

总 主 编 刘德海
副总主编 汪兴国　徐之顺
执行主编 吴颖文　王月清
编 委 会（以姓氏笔画为序）
　　　　　　王月清　叶南客　刘伯高　刘宗尧
　　　　　　刘德海　杨东升　杨金荣　李祖坤
　　　　　　吴颖文　汪兴国　陈玉林　陈法玉
　　　　　　陈满林　金鑫荣　赵志鹏　倪郭明
　　　　　　徐之顺　徐向明　徐爱民　潘法强
选题策划 吴颖文　王月清　杨金荣　陈仲丹
　　　　　　倪同林　王 军　刘 洁　葛 蓝

前言

  三国时期历史复杂,三个政权并存。本书全面地介绍了三国时期的政治、军事形势,以及历史变化情况。全书分别以魏、蜀、吴三书记述了三国鼎立的开端、发展及结束,记述了黄巾的兴亡、董卓作乱、群雄四起、官渡战后曹操势力的迅速增长、赤壁战后三国鼎立、夷陵战后蜀吴长期合作、诸葛亮之死是蜀政权变化的标志、孙权晚年败亡的危机、魏晋替兴等等,清晰地描绘了三国兴亡的脉络。

  本书在叙述历史故事时,对人物的品评也很独特:刘备是英雄,曹操是人杰,孙策、孙权是英杰,诸葛亮、周瑜、鲁肃是奇才,庞统是高俊,程昱、郭嘉、董昭是奇士,董和、刘巴是令士,徐邈、胡质是彦士,王粲、秦宓是才士,关羽、张飞、程普、黄盖是虎臣,陈震、董允、薛综是良臣,张辽、乐进是良将,这都反映了当时的时代风气。

  而人事、人谋对历史事件、历史进程的影响,书中也作了大量记述,给人们提供了丰富的历史经验。人事与天命思想复杂地交织在一起,构成了历史的矛盾性。

  在三国历史里,我们可以看见一个个鲜明饱满的人物形象,引得人随之喜悲,对关羽死时的悲凉、对董卓残暴的厌恨、对诸葛亮的钦佩、对曹操奸雄的感叹、对阿斗乐不思蜀的可笑可怜、对姜维之死的愧惜,各种体会令人如痴如醉,不可自拔。对于读者来说,这无疑是一种阅读的上佳体验和乐趣。

  然而,对于现代人来说,钻研晦涩的古文的确有一定的难度,因此需要有适应现代的方式将三国时期的故事重现出来。

  这也是本书作者的创作意图,希望能透过讲述三国时期的英雄故事,唤起读者对三国时代的领悟与追思。

  作者选取了一百个极具代表性的故事,在尊重历史真实的基础上,进行了艺术性加工,透过轻松幽默的语言,向读者娓娓道来三国的那段历史,其间还穿插《三国志》与《三国演义》的相互比较。

  对于三国历史爱好者来说,这是一本比《三国演义》真实、比《三国志》通俗的史学故事书;而对于普通读者来说,这也是一本轻松读三国的普及读物。

  读后你会发现,三国原来可以这样读。

目 录

前言 ……………………………………………………………… 1

英雄篇　文治与武功的交响曲

1　抢地盘靠"作秀"——刘备智取益州 ……………………… 2
2　自由全靠演技——曹操其实很愤青 ………………………… 4
3　美酒虽好，可不能贪杯——孙权嗜酒如命 ………………… 6
4　华容道上走来个"大英雄"——曹操做梦也想不到的失败 … 8
5　都是暴躁惹的祸——张飞死得冤 …………………………… 10
6　小忍酿大谋——诸葛亮的职业规划 ………………………… 12
7　他的死与别人无关——周瑜大计未成身先死 ……………… 14
8　大英雄背后的大英雄——赵云一马救少主 ………………… 16
9　悲情仿佛"天注定"——最强马超的孤独 ………………… 18
10　说不出的委屈——魏延蒙冤千古 …………………………… 20
11　从不信任到信任——庞统三计争蜀地 ……………………… 23
12　我说投降你就信——赤壁先锋黄盖 ………………………… 26
13　"潜伏大师"——司马懿五十年见证自我 ………………… 28
14　第一爱将有节操——张辽一心为曹 ………………………… 30
15　有周亚夫之风——徐晃樊城显神威 ………………………… 32
16　肥马跑不过瘦马——世有庞德犹有伯乐 …………………… 34
17　赔了眼睛输了兵——夏侯惇中箭兵败 ……………………… 36
18　就是不怕你——鲁肃单刀赴关羽 …………………………… 38
19　竹林深处的逍遥——嵇康从容就死 ………………………… 40
20　没了眉毛没了命——王粲不听医者话 ……………………… 42
21　出师一表留重担——董允担起托孤大任 …………………… 44
22　奇谋"造王者"——智囊董昭助曹魏 ……………………… 46

23	曹魏第一接班人——曹冲早逝成遗憾	48
24	男人也是水做的——曹丕以哭占先机	50
25	都是喝酒惹的祸——曹植的太子之争	52
26	位高权重的盗墓贼——董卓的特殊癖好	54
27	东家奔,西家走——吕布的选择恐惧症	56
28	不是梦中人——杨修直言触曹操	58
29	不懂"医者父母心"——被误会的华佗	61

红颜篇　被乱世左右的儿女情长

1	夹在男人政治里的尤物——貂蝉红颜薄命	64
2	只怪洛神姿容俏——甄宓与曹植的叔嫂情	68
3	遥想公瑾雄姿英发——小乔相思成疾	71
4	当萝莉遇见了中年大叔——孙尚香的政治婚姻	73
5	羞答答的情谊静悄悄地开——杜氏到底有多美	75
6	寡妇也有春天——吴氏终成皇后	77
7	后宫里的情色战争——郭女王盛宠难争	79
8	大难临头夫君逃——甘夫人长坂坡受难	81
9	青史难留名——糜夫人患难相助	83
10	英雄做媒人——蔡文姬与蓝颜知己曹操	84
11	曹操也会被"吐槽"——丁夫人与曹操的结发之情	86
12	一语安抚众人心——卞夫人临危应变	88
13	虎女安能嫁犬子——关羽之女的婚姻大事	90
14	最毒妇人心——袁绍娶错老婆	92
15	泉下有知能安眠——虎妻徐氏复仇	94
16	皇帝也救不了你——伏寿暗杀不成反遭祸	96
17	名副其实的女智囊——辛宪英临危断大事	98
18	孙权的三段姻缘——步氏难修正果	100
19	女人是老虎——孙大虎坏事做尽	102

计谋篇　说不尽的尔虞我诈

1. 天子在手谁敢不服——勤王图霸计 …… 106
2. "官渡之战"胜利的秘诀——扼喉待变计 …… 108
3. 刘备这才保住了命——仗义招才计 …… 110
4. 藏在幕后的刽子手——借刀杀人计 …… 112
5. 想什么偏不做什么——声东击西计 …… 114
6. 感情不够深厚的代价——离间计 …… 116
7. 容不得你再放肆——瓮中捉鳖计 …… 118
8. 蜀国是这样兴起的——以逸待劳计 …… 120
9. "坐收渔利"也满足不了的野心——趁火打劫计 …… 122
10. 让你不听劝——顺手牵羊计 …… 124
11. 骗得你团团转——调虎离山计 …… 126
12. 你的官早晚是我的——反客为主计 …… 128
13. 变脸比翻书还要快——笑里藏刀计 …… 130
14. 掉进危险的"温柔乡"——美人计 …… 133
15. 骗过群雄的"影帝"——诈降计 …… 135
16. 诸葛亮也失算——缓兵之计 …… 138
17. 刘皇叔的"谦让"——瞒天过海计 …… 141
18. 看谁的损失大——以小博大计 …… 143
19. 大人物有"小心机"——欲擒故纵计 …… 145
20. 再难的路也要走——暗度陈仓计 …… 147
21. 载歌载舞给你看——空城计 …… 149

战役篇　烽火连年战不休

1. 曹操这次太没面子了——赤壁之战 …… 152
2. 后院还真的起了火——官渡之战 …… 154
3. 挑不对时机斗气——夷陵之战 …… 156
4. 张辽的"对手戏"——合肥之战 …… 158
5. 《隆中对》预言成真——益州之战 …… 160

6	"诈尸"得胜——濮阳之战	162
7	大意失荆州——襄樊之战	164
8	就连"鸡肋"也吃不到——定军山之战	166
9	死诸葛吓走活仲达——五丈原之战	168
10	大一统——晋灭吴	170

事件篇 看豪杰乱世博弈

1	数风流人物,还看今朝——青梅煮酒论英雄	174
2	一生纠葛的开端——桃园三结义	177
3	军师,我需要你——三顾茅庐请孔明	179
4	死后的"小心机"——刘备临死托孤儿	182
5	自己人害自己人——华雄死得其所	184
6	挡也挡不住的兄弟聚会——关羽千里走单骑	186
7	想留也留不住你——诸葛挥泪斩马谡	189
8	抓了放,放了抓——逃不掉的孟获	191
9	下棋疗伤两不误——关羽刮骨疗毒	193
10	谁也救不了——吕布惨遭缢杀	195
11	不得不说的恩怨——张绣与曹操的君臣关系	197
12	曹操也有被坑时——草船借箭真实版	199
13	被出卖的人生——刘备与益州的缘分	201
14	相煎何太急——曹植七步成诗	203
15	老天爷最"给力"——关羽放水淹七军	206
16	傻人有傻福——刘禅快乐度余生	209
17	满城都是硫磺——来自博望的大火	211
18	说说曹操的狼狈相——割袍断须躲马超	213
19	刘后主是块"大肥肉"——截江截下个刘阿斗	215
20	诬告可不是好事——刘备怒鞭督邮	218

英雄篇
文治与武功的交响曲

抢地盘靠"作秀"
——刘备智取益州

早在东汉末年,已有曹操、袁绍等势力争霸天下,刘备这个远房皇亲还只能靠编草鞋为生。可刘备并不安分于自己的生活,即使流落草野,他还是要动辄以皇叔自居。

此时被曹操软禁的汉献帝虽然没有政治自由,但查找宗谱总还是有自主权的,结果证实了刘备的皇亲身份。原来,刘备是景帝之子中山靖王刘胜的后代,因其父刘弘早逝,这才让他流落民间。

既然刘备这个皇叔得到了政府核心领导的认可,刘备再不卖力吆喝一下就有点说不过去了。

刘备心里对皇叔这个身份始终在意,天下以刘氏为首,此时皇权衰弱,刘备自然不甘心在乱世中碌碌终生。于是,他开始集结自己的力量,可此时的地方军阀很多,力量微弱的刘备只得东奔西走,到处依附他人。

多年来,刘备辗转做过徐州牧,也投奔过曹操,又结拜了关羽、张飞两员武将,还找来了诸葛亮做自己的军师,事业总算有些起色。

此时,羽翼渐丰的刘备已经初步形成势力,可是还少了一个重要的根据地。为了抢占地盘,刘备将目光投向了益州的刘璋。

提起刘璋的名字,即使对此人并不熟悉,也能知道刘璋和刘备属于同族亲戚。刘备没有实力攻占别人的地盘,只好从自己宗族下手,这就发挥了刘备早期

【刘备画像】

2

英雄篇　文治与武功的交响曲

玩乐交友的本领了,没有一副好口才自然是不行的。

适逢曹操二次率军攻打孙权,此时孙权早就和刘备结了亲,曹、孙开战,刘备自然不能坐视不理。可有袁绍落败的下场在先,自知实力不济的刘备自然不敢轻举妄动,但又不能告诉孙权实情。于是,刘备一边假意应允帮助孙权,一边写信给益州的刘璋。

至于信的内容,不外乎是表示自己对孙权爱莫能助的心情,以及陈述若曹操将孙权的荆州攻下之后,益州自然也难以保存。

刘备分析了一大串利害关系,末了转到正题:他想从刘璋手里借兵和粮草。

同是汉室宗亲,刘备向刘璋求助自然没有过错,但刘璋也有自己的考虑:万一给了刘备士兵和粮草以后,刘备不按原计划所说的救援荆州,转而攻打自己的益州,那岂不是自掘坟墓?

刘璋有这层顾虑并不是没有道理,这个时候的刘备早已不是四处流落的小角色了,他的势力逐渐壮大,野心也越来越难以满足,不能不防。

不过,刘璋虽对刘备借兵的理由保持怀疑态度,可到底仁厚,最终还是拨出了四千人以及相应的粮草资助刘备。

这边曹操和孙权打成了一团,而刚借到兵马的刘备却率领着益州军驻兵在益州城外,准备攻打刘璋了。

刘璋和刘备的益州之战一触即发,可当刘璋的部下向刘璋献出撤退前线百姓,烧光供应粮草,逼刘备断粮逃跑的计策时,刘璋却不忍心因为战争害得百姓流离失所。

错过了最好机会的刘璋自此陷入苦战。

公元 214 年,曹操从荆州战场撤退,刘璋的死对头马超又归顺了刘备,在漫长的保卫战中,刘璋再也不愿意继续消耗下去了。虽然此时刘璋的益州城内仍有富足的粮食,以及精锐的兵马,可刘璋却说:"我父子在益州二十多年,没有给百姓施加恩德,却打了三年仗,让许多人死在草莽野外,全是因为我的缘故。我怎么能够安心!"于是,刘璋下令开城门,出城投降刘备。

就这样,刘备夺得了益州,有了自己的地盘,也为日后三国鼎立奠定了基础。

而对于那位爱民如子的刘璋,刘备仍然将财物归还他,并将刘璋迁至公安,授予振威将军之职。

3

自由全靠演技
——曹操其实很愤青

说到曹操的家世,可能有点复杂,但他毕竟也是生在富贵的环境,且又和政治中心有一定的关系,所以年少的曹操做点什么荒谬的事情也不必太奇怪。毕竟他的爷爷只是一名太监,他的父亲也不过是不知生身父母的养子。

但曹家在汉室倾颓的乱世里到底还是站稳了脚,凭着曹操爷爷曹腾立下的功劳,曹操的父亲曹嵩自然而然地打入了政治核心。

谁知道,祖孙三代偏偏到了曹操反而开始不务正业。曹嵩原本是老来得子,偌大的家业好不容易有了继承人,自然千宠万宠地护着曹操。可曹操仗着自己吃喝不愁,竟然学起了江湖行侠仗义那一套。既然要过江湖生活,自然也少不了"飞鹰走狗"一类的朋友,可见曹操幼年也是个十足的古惑仔。

孩子顽皮在所难免,可曹操顽皮的程度着实有些过分。居然趁着大家不注意,偷偷溜进大宦官张让的卧室里,偷看太监的私生活,被张让抓到以后,不仅不求饶,反而在众目睽睽下翻墙逃跑。

既然曹操顽劣,必然有对他看不过去的人,而对曹操意见最大的人恰好是曹操的叔父。于是,每次曹操在外面做了坏事,他的叔父都会及时找到曹嵩添油加醋地告上一状。久而久之,曹嵩对曹操也就不再像从前那般宠爱,还限制了曹操的行动。

【中国传统戏曲里,曹操的奸雄形象】

年少贪玩的曹操被束缚了自由,犹如被关进大牢,这下他必须要为自己重获自由想想办法了。

不久,曹操在半路上碰到他的叔叔,早就蓄谋已久的曹操直接躺在地上做出口

眼歪斜、四肢抽搐的动作,这下可把他的叔叔吓坏了。想来年纪轻轻的曹操演技也够高的,竟然能把一个见过世面的成年人骗得团团转。

曹操的叔叔虽然爱打小报告,可说到底也是一个老实人,对曹操也很疼爱,眼见自己的侄子倒在地上发羊痫风,想也没想就跑去告诉曹嵩。曹嵩本来还觉得奇怪,自己的儿子好端端地怎么会发羊痫风,可看到弟弟着急的样子,曹嵩也跟着着急起来,当即抛下手边的政务随弟弟赶往曹操发病的地方。

令人意想不到的是,当曹嵩赶到,竟看到曹操正端坐着看书呢。不明所以的曹嵩看着好端端的曹操,问道:"你叔叔说你正犯羊痫风,抽搐得不省人事,怎么现在你一点事都没有。"

曹嵩不问还好,这下曹操立刻哭了出来,一边哭一边对曹嵩说:"父亲,我哪里得过羊痫风,只是叔叔看我不顺眼,才会跟您这样说,没想到您竟然相信了。"眼见曹操声泪俱下,曹嵩的心里很不是滋味,联想到先前多次听了弟弟的话而误会儿子,曹嵩更是心如刀割。

就这样,曹操重新获得父亲的信任,而当曹操在外面做了坏事闯了祸,他的叔叔跑到曹嵩面前告状的时候,曹嵩再也不相信了。

曹操就凭着一套好演技,轻易获得了父亲的信任。

小提示

曹操虽然年幼顽劣,可却有个人对他很看好,这人正是乔玄。当时乔玄担任太尉一职,看到曹操以后,说道:"天下将乱,非命世之才不能济也,能安之者,其在君乎!"乔玄明确指出曹操是救世英雄,而后来曹操的作为也并没有令乔玄失望。

美酒虽好,可不能贪杯
——孙权嗜酒如命

虽然孙权曾经获得"生子当如孙仲谋"的夸赞,但他是个十足的酒鬼,并且不止一次喝酒误事。好在他身边的大臣们清醒,这才没酿出悲剧。

要说孙权喝酒闯祸,最严重的一次是差点把张昭给杀了。

张昭何许人也?孙权的老师是也,又是托孤大臣。试想以张昭的身份和地位,东吴的文武官员哪个对张昭不是恭敬万分,可孙权却要杀了张昭,这可吓坏了朝中众臣。

当然,孙权要杀张昭也并不是无缘无故的。

这天,孙权喝酒喝得很开心,突然传来辽东公孙渊请求归顺的消息,在酒精的刺激下人往往容易丧失判断力,孙权也不例外。听到公孙渊前来归顺,孙权竟然想都没想就封公孙渊为燕王,还一并赐予了许多金银珠宝。

此时,虽然孙权不够清醒,可公孙渊到底是否诚心,其他人却是明明白白的,但谁又敢顶撞孙权,指出他的错误呢?批评孙权这件事其他人不敢,可张昭这个帝王师没什么好顾忌的,于是直接指出公孙渊假降的事实。

孙权诏令都已经下了,可张昭却坚持要求孙权撤回封赏公孙渊的命令。

孙权越是不听,张昭越是劝,并且仗着自己是托孤大臣,语气也重了许多。孙权一下子火了,拔出宝剑斥责道:"为什么你总是跟我过不去?"

【吴主孙权】

张昭做梦也没想到孙权会对自己拔剑相向,但他没有示弱,而是继续坚持道:"无论你听不听我的谏言,我都必须尽职尽责!因为我是太后遗诏的顾命大臣!"这话说得孙权心也软了,两个人的争执总算过去了。

可是张昭离开之后,孙权还是把公孙渊封为燕王,毕竟"一言既出,驷马难追"。要让孙权否定自己先前的诏令,他实在觉得有些小家子气。

可张昭不理会孙权的面子问题,得知消息后被气得要死,本来以为孙权听从了自己的建议,谁知还是无视自己的想法,于是张昭开始称病不朝。

师生二人本来已经没什么事了,可张昭公然无视孙权的诏令再次惹恼了孙权:既然张昭称病不出,那索性就别再出门了!

孙权派人用土将张昭家的大门堵住。

张昭眼见孙权如此,派家丁在里面也用土把大门堵住,表示不再让孙权踏入张家。师生二人就这样互不退让。

然而,不久之后,果如张昭所料,公孙渊造反了,这也成了孙权、张昭师生二人缓和关系的转机。

孙权平定了公孙渊以后,亲自到张府赔礼认错,可张昭却不肯接受,硬是待在家里不出来,既不给孙权开门,也不搭理孙权。

张昭不出来,孙权又觉得没面子了,就命人用火烧张府的大门,想要把张昭逼出来。

谁知张昭竟然誓死不见孙权,吓得孙权急忙派人灭火。

然而,孙权到底是一国之首,如此低三下四地对张昭,张昭再不领情实在有些过分了。张昭的儿子担心这件事情最终会不可收拾,就命人强行把父亲扶了出来。孙权见到张昭终于出来了,赶忙把张昭请回宫中,大摆酒宴,还当着文武百官满饮三大杯,表示给张昭赔罪。

这件事情总算告一段落。

有一次,孙权又喝多了,酒兴之余,竟然直接将酒泼在群臣的脸上,一边泼着一边还说:"今天务必一醉方休!"孙权这样说了,谁敢不听,群臣只好硬着头皮陪孙权饮酒。

可张昭不高兴了,黑着脸就走。

孙权一看,赶忙追了出去,估计这时候他还没酒醒,忘了张昭的脾气,竟然还嬉皮笑脸地说:"不过一起乐乐而已,老师何必发这么大火呢?"

张昭说:"是啊,不过乐乐而已!你想过没有,昔日纣王作糟丘酒池,夜夜沉迷酒色,当时也说只是乐一乐,结果呢?"一句话说得孙权满面惭愧,酒宴也因此不欢而散。

华容道上走来个"大英雄"
——曹操做梦也想不到的失败

曹操自从把汉献帝弄到自己的地盘,开始了"挟天子以令诸侯"的征战人生后,虽然不能说是逢战必胜,可到底也是天下实力最强的人。

公元208年,曹操不费吹灰之力就把荆州夺了下来,以曹操的个性,自然要乘胜追击,况且他坐拥二十万大军,想要夺取江东自然如探囊取物。

试想,如果当时没有孙权和刘备的结盟,曹操一举攻下江东孙权,转而矛头势必要对准刘备。以当时的形势,刘备和曹操正面交锋,自然不是对手,那么曹操统一天下的宏愿就很容易实现了。

可是,在刘备和孙权身后的智囊诸葛亮、周瑜却阻碍了曹操的计划,两人策划了一连串的计策,直接导致曹操在最关键的赤壁一战中被孙、刘联军烧了个措手不及。

赤壁大火烧红了半边天,也烧得曹操仓皇溃逃,根本没有反抗的余地。

而孙、刘联军这边见到火攻之计起了效果,索性又一把火把曹军剩下的战船烧了个干干净净,失去水路作战优势的曹操只得率军经华容道向江陵一路败退。

【关羽义释曹操】

此时，孙、刘联军自然趁机水陆并进地追击曹军。

不过，曹操虽然被大火烧得连连战败，但面临的形势并不十分严峻。毕竟在赤壁交锋之前，曹操的实力已经十分强大，而孙、刘尚未形成大势力。孙权和刘备也并没有打算借着赤壁一战消灭曹操，一把火烧了曹操的船队无非是希望阻止曹操渡过长江，以保全自己的势力范围，或保证自己不被曹操消灭掉。

所以说，曹操虽然后有追兵，但以孙权和刘备的实力还不足以抽出部分兵力在曹操败退的路上设伏军。

即便如此，曹操在华容道上还是遇到了很大的困难。

失去水路作战部队的曹操率军从华容道步行逃跑，可这华容道自古就是沼泽之地，加上当天又吹着大风，想要通过华容道，其困难程度不比躲避孙、刘两军的追杀来得少。

但是，除了沿江向西以外，曹操没有别的办法，想要进入华容县，还需要转向西北绕上一个弯。而无论怎么制定路线，曹操都必须经过一大片沼泽地带。

面对无边无际的沼泽，曹操万般无可奈何，可后面的追兵说不定什么时候就追上来了，所以他只能向前走。

但曹操的马刚一踏入沼泽泥泞之中，就立即被困住，使得曹操不得不扔掉马鞭，下马步行。

然而仅凭个人之力几乎不可能走过去，曹操为了保命，就命令士兵砍下芦苇、蒿草，填在沼泽地上，又命年老的士兵以身体做桥趴在路面上。

就这样，曹操率着残兵败将从那些年老的士兵身上踩踏了过去，而那些老兵最终也没能从沼泽地里再次站起来。

眼看大军就要全部通过华容道，曹操一颗提着的心终于放下来。

逃过一劫的曹操突然忍不住大笑起来，这一笑可把那些狼狈不堪的将领弄糊涂了，就问曹操发笑的原因。

曹操说："刘备的才智虽然与我不相上下，但他的计谋总要晚我一步；假如他能预先派快马赶到华容道放火，这次我军必然全军覆没了。"不过，曹操话音刚落，就接到探马报刘备派追兵在华容道上顺风点火了。

但这时的曹操大军早已经通过华容道，奔往江陵方向去了。

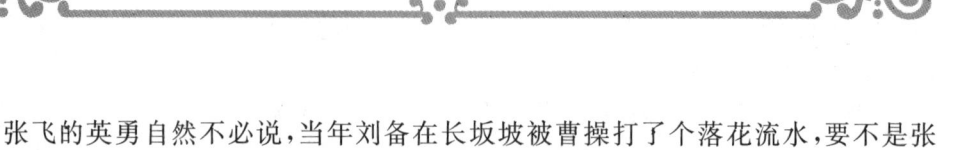

都是暴躁惹的祸
——张飞死得冤

张飞的英勇自然不必说,当年刘备在长坂坡被曹操打了个落花流水,要不是张飞据水断桥,一声长吼,喝得曹军无一人敢上前逼近,恐怕刘备早就被曹操消灭了。

对于张飞而言,无论是他的神勇,还是他暴躁的个性,都是与生俱来、相辅相成的。张飞因此闻名于三国群雄之间,最终也因此葬送掉自己的性命。

一代名将张飞其实死得很惨,想来也让人遗憾,他既不是战死沙场,也不是因病去世,反而是被自己的下属给杀害了。

被手下给杀了也就算了,还是被手下趁着张飞酒醉的时候来了个暗杀。

但归根结底,张飞的死他自己是要负大部分责任的,倘若他生前不那么暴躁,也不会惹得自己手下对他忍无可忍、恨之入骨,也就不会有后面的惨祸了。

张飞的脾气之暴躁原本是人尽皆知的,他不似关羽那般为人宽厚,对待手下也很体恤。张飞这人的等级观念比较强,在他看来,手下就是手下,就是供他差遣责骂的,也因此,跟随张飞的士兵稍有过错,张飞就会爆发,二话不说鞭打士兵。有不少跟随张飞多年的士兵不是战死,而是因为小事莫名其妙地得罪了张飞,被活活打死。

【张飞画像】

张飞尊敬有才能的名人,而对部下十分粗暴,刘备对他的脾气必然是了若指掌,便劝说张飞:"这些士兵跟你出生入死,你不应该总是责罚鞭打他们。就算你鞭打士兵,也不要再让他们跟随你,如今你还留他们在你身边,早晚会出事的。"刘备的意思已经很明白了,可张飞非但不听,反而还继续让这些士兵跟在自己身边,浑然不觉有什么问题。

张飞如此行事,早已惹得军营中很多士兵不满了。

后来,关羽被害,张飞得知消息以后又悲又恨,说什么也要替二哥关羽报仇雪恨。

一天,张飞下令军中,限三日内制办白旗白甲,三军挂孝伐吴以替关羽报仇。可到了第二天,张飞的两名手下范强和张达却告诉张飞说:"白旗白甲,一时无可措置,须宽限才可。"本来只是一件小事,可张飞却发怒了,不但大骂这两名手下违反军令,还命士兵把这二人绑到树上,每人各鞭打五十下。

张飞打完了人还不能解气,用手指着二人说:"明天一定要全部完备!如果违了期限,就杀你们二人示众!"

这二人被打得皮开肉绽,对张飞恨得牙痒痒。

等回到营中,范强说:"本来就是不可能完成的任务,我们却因此要受责罚。张飞个性暴躁,如果明天还筹办不好,我们一定因此丧命。"张达也说:"等他来杀我们,不如我们先动手杀了他。"就这样,范强和张达就合计出了杀害张飞的计划。

可杀害张飞哪里那么容易,毕竟张飞武艺高强,且将军的营帐日夜都有守兵,范强和张达想要杀掉张飞并不是轻而易举的事情。

可巧的是,这天夜里张飞打完了人以后,自己跑去喝得酩酊大醉,回到帐中,睡得呼声震天。

这正好给了范强、张达一个机会。于是,趁着深夜守卫松懈,范强和张达各自带了一把利刃潜入张飞的营帐之中,趁着张飞酒醉梦中,就这样把他给杀了。

范强和张达杀了张飞以后,担心刘备报复,干脆将张飞的首级砍了下来,连夜带着张飞的脑袋逃到东吴。

小提示

新亭侯刀,是中国古代十大名刀之一。张飞初拜为新亭侯时,曾命铁匠取炼赤珠山铁打造了一柄大刀,并将此刀命名为"新亭侯",此后随身佩带。后来,关羽战死,张飞为报兄仇出征东吴,没想到却被部将趁其酒醉将自己杀害,而且部将斩杀张飞时,也恰恰用的是他这把新亭侯刀。

小忍酿大谋
——诸葛亮的职业规划

诸葛亮二十七岁那年被刘备从茅庐里请了出来,开始了他波澜壮阔的一生,直到五十四岁在五丈原去世。

他虽然最终没能挽回刘氏政权的衰颓,可还是以独特的人格魅力征服了后人。

在讲究出身门第的后汉时期,以诸葛亮的出身来看,想要建立功业基本是不大可能的。毕竟在官场上诸葛亮没有人脉,可诸葛亮却靠着结交有身份有地位的朋友,将自己的名号传播了出去。

其实就在刚结识文人名士的时候,大家已经看出诸葛亮的才华,并且提出引荐诸葛亮做官的想法,可诸葛亮全都拒绝了,反而选择到南阳种地。

诸葛亮并不是不想成就自己,只是还需要一个真正的机会。

就在诸葛亮出山之前,其实天下的形势已经十分明朗了:北有曹操,东有孙权,西有刘璋,而他自己则待在刘表的地盘,另外刘备也稍微有点势力。

【明朝宣宗皇帝朱瞻基所画的《武侯高卧图》,描绘的是诸葛亮出茅庐辅助刘备之前,隐居南阳躬耕自乐的形象】

此时天下乱世,诸葛亮要投靠哪位老板还得谨慎选择。

曹操势力最大,本身文武双全,身边又有荀彧、荀攸、贾诩这些顶级智囊,可以说是人才无数。假如诸葛亮投奔曹操,惜才的曹操虽然必定会礼遇他,可真正能给诸葛亮发挥自己才干的机会恐怕很少,搞不好诸葛亮最终就只能成为曹操后备力

英雄篇　文治与武功的交响曲

量中的后备,那只能是碌碌一生了。加上曹操篡汉之心路人皆知,在诸葛亮这种正统知识分子的心目中,一个不留神就会引火烧身。

于是,诸葛亮将目光又投向了孙权,而且诸葛亮的哥哥诸葛瑾又在孙权手下做事,选择孙权,与哥哥互相有个照顾其实也挺好的。可是,孙权身边早已经有了智囊周瑜,且周瑜从孙家到江东打天下时就出兵出力,与孙氏的感情厚不可言。这样一来,诸葛亮仍然无法得到最充分的机会。

就这样,孙权也被诸葛亮排除了。

其实,诸葛亮身居刘表的统治范围内,且刘表对诸葛亮也很看重,加上刘表是诸葛亮叔父诸葛玄的老相识,因此刘表也是一个不错的选择。

然而诸葛亮明白,刘表现在的安稳并不能持续太久,他的长子刘琦有娘家势力,而刘表却喜欢次子刘琮,一旦刘表过世,荆州地区必然出现夺嫡内乱。且对于刘表自身的性格弱点诸葛亮早就心知肚明。

因此,刘表必然不是一个好的选择。

曹操、孙权、刘表都已经被排除了,剩下的只有刘璋和刘备了。

此时刘璋一直保持着中立态度,而刘备虽然实力不及其他几个人,却积极收揽人才扩大势力,前景十分可观。

终于,诸葛亮敲定了人选。

既然诸葛亮心里已经选择了刘备,剩下的就是等着刘备来请自己了,毕竟他早已经把自己的名声传了出去。假如刘备真的有建功立业之心,且又爱惜人才,自然会主动找上门来。

刘备终于找到诸葛亮以后,并没有成功地请动他,诸葛亮又考验了刘备两次,看他是否诚心,因此避而不见。

最后,当诸葛亮确定刘备是自己的明主时,他的传奇生涯也开场了。

按说当时名士都是年少有为,诸葛亮二十七岁才步入官场,比起三国同时期的人物都晚了很多。可这正是诸葛亮的忍耐,也正因为这份忍耐,最终才成就了诸葛亮的生前身后名。

> **小提示**
>
> "三顾茅庐"的故事在史书《三国志》中只用五个字做了记录:"凡三往,乃见。"而陈寿在评价诸葛亮时,也说过"治戎为长,奇谋为短。理民之干,优于将略"。可见,诸葛亮虽然是个有才能的人,但并不像《三国演义》渲染得那么神奇。

他的死与别人无关
——周瑜大计未成身先死

提起周瑜,就难免和诸葛亮联系起来,可事实上周瑜去世的时候,诸葛亮还在蜀地做后勤工作,两个人实际上是八竿子打不着的关系。

但是,正值壮年的周瑜在他三十六岁这年因病去世,却恰好成全了刘备的大业。

赤壁一战,成全了孙权和刘备的联盟,按照诸葛亮三分天下的大计,孙、刘联盟必定无法长久维持,不过是为了避免各自的力量被曹操吞掉罢了。

赤壁之战过去了很久,孙、刘的联盟本来已经没有互相利用的价值了,眼见刘备的力量越来越大,招募的贤士也越来越多,孙权却没有下定心思与刘备断绝关系,反而还把自己的妹妹嫁给了刘备以稳定联盟。

刘备倒是很懂得把握机会,既然孙权还是自己名义上的内兄,那怎么也要给自己点好处。于是,刘备向孙权提出治理荆州的想法,其实就是要荆州的统治权。

【周瑜画像】

这件事被周瑜得知后,心知留下刘备日后必然会有祸患,就劝孙权趁着和刘备见面的机会,直接扣押刘备,将其送到吴郡分封为王,将刘备与关羽、张飞各置一方,以此吞并刘备的势力,又能防刘备将来会对孙权不利。

可孙权却偏偏认为,此时曹操在北方搞扩张,还需要留着刘备对抗曹操,更重要的是,孙权本人不屑于玩这种阴谋诡计。

就这样,刘备从孙权手里要来了荆州,自己又安然无恙地回去了。

这次虽然错过了打击刘备力量最好的机会,可周瑜还有另一个大计划。

原来,周瑜在心里一直默默构想着一个足以改变历史的大计。当周瑜觉得时机成熟时,便找到孙权,对孙权说:"现在的曹操虽然一支独大,可天下反对曹操的

人也很多,何况曹操在赤壁之战吃了大败仗,一时不能继续扩张了,他应该正在忙着治理内部事务,防备内乱,我们恰好可以利用这个机会搞个'西部大开发'。请您派孙瑜与我一起,共同领兵进攻刘璋,正好还能顺路将张鲁也一并消灭,这样汉中就成了我们的地盘。我们有了汉中这个筹码,就可以联合西北部的马超共同对抗曹操了。这时候曹操在西部要抵抗马超,正面又要对抗我们的大军,就算他的军队再强也是挡不住的。"

周瑜这个计划,在细节上考虑得非常全面,孙权也是明白人,自然知道这是一个可行性极大的计划。

然而,计划虽然完美,主要策划人周瑜的身体却出现问题。

周瑜生病也许是因为旧疾复发,也有可能是操劳过度,但有一点能够肯定的是,周瑜的病和诸葛亮没有半毛钱关系,他并不是被气死的。

周瑜的身体一天天垮下去,他自己也知道病情的严重性,于是就赶紧给孙权写了一封信,信中简单分析了天下的形势,重点指出刘备在荆州的危害性,又将鲁肃引荐给孙权。

至此,周瑜算是向孙权交代了身后事。

没过多久,周瑜就在巴丘去世了,年仅三十六岁。

> **小提示**
>
> 　　陈寿评价周瑜:"曹公乘汉相之资,挟天子而扫群杰,新荡荆城,仗威东夏,于时议者莫不疑贰。周瑜、鲁肃建独断之明,出众人之表,实奇才也。"当孙策率军到江东开创事业的时候,周瑜便开始跟随孙氏政权,可以说,周瑜是吴国的开国功臣。英年早逝令他早早从三国舞台上谢幕,此后少了周瑜的吴国,再也没能重现辉煌。

大英雄背后的大英雄
——赵云一马救少主

刘备自从有了诸葛亮做军师,不能说是战无不胜,但的确是扭转了一直以来的劣势。在新野一战中,刘备更是奇迹般地以薄弱的力量打败了曹操的大军。

曹操怎么也不敢相信刘备竟然能打败自己,这次刘备胜了,可也真正结下了和曹操之间的仇恨。

没过多久,曹操便率领大军来找刘备报仇了,且还是在刘备途经阳县、身边只有三千人马的情况下突袭而至。

可想而知,刘备突然被曹操截住,岂止是苦战能够形容,两军僵持,这次刘备可没能够以少胜多击败曹操,只能下令撤退。

曹操为了顺利抓住刘备,只率了五千轻骑,狂追不止。

这五千轻骑,本来是曹操的精锐作战部队,当初曹操就是凭借这五千骑兵,奔袭乌巢,一举烧掉袁绍的粮草,彻底将袁绍逼入绝路。

刘备此时碰上曹操的精锐部队,要多狼狈有多狼狈。

他打不过曹操,只能抵抗一步是一步,曹、刘两军从天黑打到了天亮,刘备好不容易才摆脱了曹操的追击。

但是,虽然刘备平安脱身了,随他作战的赵云却在半路发现刘备的小妾糜夫人不见了。糜夫人不见了还好,可关键是糜夫人还带着孩子,这孩子是刘备的长子阿斗,也是日后的接班人。

无奈之下,赵云只好集合了三十个骑兵,重新回到战场,去寻找走散的糜夫人母子。

危急关头,战场之上,刀枪可都是无情的。刘备虽是英雄,可英雄也需要其他的英雄帮助才能成就功业,而赵云正是刘备身后的大英雄。

当时,赵云想都没想就冲回乱军,当时两军士兵都已经杀红了眼,尸野遍地,危险程度难以形容。

赵云一路杀敌,到处打听糜夫人的下落,总算皇天不负有心人,赵云费了好大劲终于在一面断墙后的枯井旁找到了糜夫人母子。

英雄篇　文治与武功的交响曲

糜夫人抱着孩子躲藏在乱军厮杀的角落里,虽然没受到什么伤害,可也受了不小的惊吓。

她见到赵云,仿佛看到了希望,一边将怀中的刘阿斗抱给赵云,一边激动地说:"见到将军阿斗就有救了,我的性命微不足道,死不可惜,只盼将军能带着阿斗脱离危险,我死而无憾!"语毕,糜夫人就投井自尽了。

糜夫人为了保全阿斗牺牲自己,赵云明白糜夫人的大义,此时曹军士兵虎视眈眈,赵云无暇顾及其他,只好将土墙推倒掩盖住井口,算是对糜夫人进行了埋葬。

糜夫人为了保护阿斗已经舍弃性命,赵云抱着阿斗更不能辜负糜夫人的心意。

曹兵一批一批攻上来,都被赵云打退了。

【中国戏曲里的赵云形象】

好不容易赵云脱离了包围,却又碰上曹将张郃。两个武将大战十余回合,最后赵云找到机会夺路逃走。但不幸的是,赵云随后连人带马落入了陷阱。此时张郃占了优势,直逼着赵云挺枪来刺,只见赵云的马用力一蹬,竟然跳出陷阱,吓得张郃向后退去。

趁着这个空当,赵云终于脱离了险境,而年幼的少主阿斗也因此得以保全性命。

小提示

曹操和刘备在汉水决战时,曹操见蜀军营中毫无动静,又见赵云单枪匹马挺立营寨门外,威风凛凛,毫无惧色,因此怀疑会有埋伏,便下令收兵回营。

而此时赵云趁机率军追击,吓得曹军丢盔弃甲,争相逃命,死伤无数。

刘备封赵云为虎威将军,并赞誉他"一身是胆"。

17

悲情仿佛"天注定"
——最强马超的孤独

虽然在群雄争霸的三国时期战争连年,但被灭门的惨祸并不多见,可马超却成了这种巨大悲剧的承受者。

在曹操正值"挟天子以令诸侯"的事业高峰期,就连年轻的皇帝都已经放弃抵抗了,但在朝廷里尚有一些忠诚护主的良臣想要挽回已经倾颓的东汉政权。这直接导致了建安四年的"衣带诏"事件。

这年参与护送汉献帝东归的安集将军董承,在政权分配问题上与曹操产生了不可化解的矛盾。东汉被外戚控制了百余年,董承又恰好是董贵人的父亲,此时看到曹操如此不可一世,他就好像被洗脑了一样,认为自己贵为外戚,理应是权力执掌者。于是董承拉了一群同谋者,对外宣称已经接受了汉献帝衣带中的密诏,要将奸臣曹操正法以正朝纲。

马超的父亲马腾和刘备一样,当年都是衣带诏的参与者,共同反曹。后来东窗事发,董承阴谋败露,这群同谋者多被曹操灭族杀害。只不过刘备在事发之前已经有了"第六感",事先逃离许昌,这才逃过一劫。

【马超画像】

可马腾全家都在许昌,因此除了长子马超长年在外统兵,侥幸保住一命以外,其他家人全被曹操杀害了。

当马超得知自己全家被曹操杀害,差点当场晕过去。此等杀父灭族大仇,堂堂热血男儿岂有不报之理!于是,马超联合韩遂起兵反曹,并且杀得曹军接连败退,

在潼关一战更是连败曹操手下诸多猛将。

坐镇后方的曹操，这下可坐不住了，当即率军亲自迎战马超大军。谁知曹操不出去还好，这一上战场竟然被马超打得落花流水。要说这时的曹操有多落魄，想象一下，当曹操听到马超大军以穿黑袍的目标寻找自己时，吓得当场把袍子脱了，刚脱了袍子，又听见马超大军吆喝着"留胡子的就是曹操"，曹操都顾不得自己一把胡须留了多久以彰显威望，吓得立即抽出随身携带的短刀割掉了自己的胡子。

曹操虽然割须弃袍，可还是被马超在渭水追上了，而且被马超一箭射中，险些丢了性命。而曹操手下大将虎痴许褚，与马超苦战到没了衣服，丢了刀。

但曹操毕竟是人脉操盘手，在曹军不堪抵挡时，贾诩献上离间计，最终令马超和韩遂内讧自相残杀，曹操才得以重新整饬军队，潼关之战大逆转，挫败了马超。而失败的马超只好退守到冀城，可霉运上身的马超并不是简单战败而已，守在冀城的将领也趁此背叛了马超。

怎么说也是曾经共同作战的弟兄，冀城守将却在关键时刻倒戈相向，不给马超打开城门也就算了，没想竟然心狠手辣到将冀城里马超一家老少都抓来砍成两截，一个个的从城头扔下来，甚至连幼童都不放过。

马超眼看着一具具残缺不全的尸体被扔下来，自己却无能为力，当场气得吐血！

马超这辈子很悲情，先是父亲全家被杀，接着自己全家又被杀，可以说真的是断子绝孙了！

马超失去了根据地，进退维谷，两难之间只得跑去汉中投奔张鲁。

可是张鲁并不重视马超，马超大仇不得报，又整天被张鲁憋在家里，整个人更加不痛快了。后来，张鲁派马超去西川打刘璋，刘璋派刘备去抵抗，刘备正是用人之际，就与马超谈起与他父亲马腾的交情，最后把马超给说降了。

此后在刘备处，马超一直镇守着西线，乃是因为他和西凉羌胡的关系历来比较好。

虽然马超不如关羽名气大，但在三国中仍以"关马"并列，可见马超武艺非凡，甚至书中有"三国之中出吕布，吕布哪有马超好"的说法。一马一枪，飞将军马超岂是浪得虚名。相传，在潼关大战时，马超咄咄追击曹操，如果不是关键时刻一枪刺在槐树上难以拔出，也许此后三国争霸里就再也没有曹操这个人了。

说不出的委屈
——魏延蒙冤千古

东汉末年,社会动荡不安,一时之间诸侯并起,群雄割据四方。那些有势力的军阀大族,为了壮大自己的实力,纷纷采用"部曲"这种私人武装形式来组建自己的军队。

毕竟在那个战火纷飞的年代里,武装力量是否强大,是性命攸关的头等大事。蜀汉政权的领导者刘备,在这样的社会环境中,自然也不会减慢组建私人武装的步伐。

随着时间的推移,在刘备手下涌现了一批属于他的嫡系"部曲",蜀汉大将魏

【《三国演义》插画中,魏延(最左方)破坏了诸葛亮的延寿作法】

延,就是以这种身份入驻蜀汉大军的代表人物。

魏延是天生的武将,他因性格勇猛好斗,在军中屡立战功,很得刘备的赏识,时间不长就从普通的将领升到了牙门将军一职。后来,刘备采纳了谋士法正的计谋,用两年多的时间从曹操手中夺取了汉中。

汉中这块地方虽然不大,但是对于缺乏根据地的刘备而言,具有非同小可的战略作用,它不仅使刘备现有的地盘连接在一起,使蜀汉的统治区域形成了以四川盆地为主的整体,同时,刘备还在此时自称"汉中王",表达了对抗"曹贼"的坚定决心,三国鼎立的局面也因此形成。

汉中的重要程度不亚于荆州,这里不仅能够保障蜀汉既得根据地的安全,又能作为日后北伐的最合适基地。因此,为了保障蜀汉的安全,不致于在大军出击时,被别人端走老巢,就得找到一个最得力的干将,镇守在这块连接关中和巴蜀的军事重镇。

这时,几乎所有的蜀汉高级将领都认为能够担当此等大任的非张飞莫属。然而,作为决策者的刘备,最终却选择了威信和名气都不及张飞的魏延。刘备的这一决定,让蜀汉诸将领都略感费解,甚至连诸葛亮都对魏延是否真能担此大任表示怀疑。

然而,魏延的表现却极为出色。就像他曾当着诸将的面对刘备表态时说的一样:"如果曹操倾全国之力前来进犯,我魏延定为大王挡住他的攻势;如果前来进犯的是曹操部下率领的十万大军,我魏延定为大王将其吞并!"这豪言壮语般的表态,在魏延镇守汉中十年里,完全应验了。

建安八年,曹魏举兵三路大举向汉中进发,准备狠狠打击蜀汉。魏延得到情报后,率领一支部队先绕道羌中,取了曹魏控制的凉州,又返回来大败曹魏大军。魏延也因为这一次的军功被封为征西大将军和南郑侯,其在蜀汉军中的魁首地位,已经十分稳固。

魏延在镇守汉中的十五年中,经历了大大小小的战事无数,几乎从未吃过败仗。在魏延的坚守下,汉中固若金汤,所有打汉中主意的人,在魏延面前都没有讨到一点便宜。

魏延勇猛兼备,文武过人,在刘备去世后,他的地位可以说仅次于诸葛亮。

树大招风,这样高的地位,难免遭人妒忌。

身为丞相府长史的杨仪,素与魏延不和,两人经常不分场合地发生激烈冲突。

诸葛亮最后一次北伐时,身染重疾,料到自己将不久于世,就召开了一次紧急军事会议。

在这次会议中,诸葛亮秘密下达了撤军命令。

因为魏延始终坚持北伐,诸葛亮料到这道撤军令恐怕不合魏延的心意,所以他说如果魏延接到"断后"的命令拒不服从,其他各将只需依令行事,不要理会魏延的决定。

不出诸葛亮所料,魏延在得知让他断后撤军时,十分生气。他认为虽然丞相去世了,但是北伐的宏伟计划怎么能因为一个人就轻易改变呢?况且让自己断后,岂不是接受了杨仪的摆布?于是,魏延日夜兼程,赶超了杨仪的部队。杨仪不服,又再次赶超魏延。

就这样,这两支部队赶来赶去,谁也不服谁,大有打起来的阵势。

为了占据主动地位,两人纷纷向刘禅上书,说对方谋反。

刘禅收到上书后,便问各部将的意见,大家纷纷将矛头指向了魏延。

魏延看到形势对自己不利,便放弃了和杨仪斗气,企图以逃走来缓解这场矛盾,毕竟谋反的罪名是他担不起的。

然而,杨仪并不想缓解矛盾,他派出大将马岱一路追击魏延,最终杀掉了已经失去部队的魏延。

一代名将就这样失掉了性命,且千百年来始终背着叛贼的恶名。

> **小提示**
>
> 据《三国志》记载:"原延意不北降魏而南还者,但欲除杀仪等。"魏延与杨仪争斗,只是因为素日的不和,想透过这个机会杀掉杨仪以泄私愤,而说他是反贼,可谓大大曲解了这位英雄。
>
> 后来,经过《三国演义》等艺术作品的演绎,魏延一出场就是一个脑后长着"反骨"的人物,就算他功劳再大,也只能成为一个心思缜密、图谋不轨的反叛形象。这对历史上真实的魏延而言,实在是大大的不公平。

从不信任到信任
——庞统三计争蜀地

蜀汉军中不乏举世闻名的人才,最有名的要数诸葛孔明。如今人们谈论起三国时期的人物,号称"卧龙"的孔明先生当仁不让地排在最前列。诸葛亮的儒雅风度和神机妙算,给后世留下了许许多多的故事。经过各种艺术形式的加工再造,诸葛亮的形象深入人心,总让人们觉得如果刘备不请诸葛亮出山,恐怕霸业难成。

然而,在那个乱世风云的三国时代里,世道衰微,社会纷乱,许多有志之士勇敢地从书斋中走了出来,试图报效大汉王朝,以自己的绵薄之力扛起社会兴亡的责任。诸葛亮是这许许多多柔弱书生中的一个,号称"凤雏先生"的庞统也是其中之一。

当这些手无缚鸡之力的书生从书斋走向军旅的那一刻起,他们并不知道历史也正跟随着他们所迈出的那一步,将要发生多少变化。

庞统,字士元,湖北襄阳人,曾是刘备军中有名的谋士。

他年轻的时候,虽然满腹经纶,极有才华,但并不为世人所知。直到他二十岁时,特意前去拜见当时的名士司马徽,这种不被看好的状况才有所改善。司马徽初见庞统时,看到这个相貌平平的年轻人,一开始并没有感到什么不一样。直到庞统不动声色地在桑树下和司马徽攀谈起来,司马徽才渐渐被庞统的学识和见解所折服。

这次会面,两人整整谈了一天,谈话内容涉及天文地理、社会时局,无所不包。庞统的表现让司马徽不禁对他刮目相看,在此次谈

【庞统画像】

话之后,司马徽逢人便说如今在南州这块地方的士人,恐怕没有谁能够比得上庞统。

自此之后,庞统的名字才渐渐被人们所知,而被称作"凤雏"。

赤壁之战时,庞统是周瑜的部下,他深感刘皇叔的伟大抱负,便留在刘备军中,以县令的身份坐守耒阳。

在此期间,庞统并不像人们想象中的那样励精图治、勤勉工作,相反的,他对于一般性的县衙工作不理不睬,最后因为工作的疏忽和本人的"不勤奋"被罢免了官职。

发生了这样的事,刘备对庞统的才能有所怀疑,觉得这位名声在外的凤雏先生不过是有名无实,况且鲁肃曾在同刘备说起庞统时,对他的评价并不高。

虽然如此,刘备却也记得徐庶曾对他说过,卧龙、凤雏此二人,得其一便可安天下。

刘备此时正是急需人才的阶段,因而对庞统也就听之任之了。

事实上,庞统之所以不勤县务,是有意为之。

他深知刘备对自己的看法,如果按照刘备的安排,他充其量不过是一个好县令,而一个县岂能容得下庞统的志向?他关心的是天下大事,免去县令之职才能继续跟随刘备行进,才不会只固守在一个地方。

建安十六年,益州牧刘璋因张鲁之患,请刘备入蜀共抗张鲁。此时法正等人便游说刘备趁机拿下益州,但毕竟不是自己的谋士,刘备心中犹豫不决,无法做出决断。

这时,庞统站了出来,对刘备说出益州的重要性和此次机会的难得。

在庞统的分析下,刘备这才下了进驻益州的决心。

一年后,庞统再次向刘备献策,这次庞统所说的计划是让刘备直接夺取蜀中这块最大的根据地。

庞统向刘备出了上中下三条计谋,上计是奇袭成都,中计是诈取涪城,下计是退守白帝。

最终,刘备采用了中计:诈取涪城。

刘备此时已在葭萌关驻守了一年有余,自己的霸业并无太大进展,于是谎称要回荆州。蜀中大将杨怀、高沛听说后前来为刘备送行,而刘备却反诬他们是来诛杀自己的,并找到许多证据,杀了这两员大将,反杀回涪城,并很快攻陷了当地。

此后,刘备便以涪城作为根据地,攻克了许多城池,打败了刘璋,将益州占为己有,正式入驻蜀地。在刘备犹豫不决时,正是庞统的上中下三计,才使他下定决心,

抛开道德层面的顾忌,为自己的霸业迈出了最为关键的一步,否则,如果以刘备的性格,不知道还要围绕蜀地兜多少个圈子。

自此以后,刘备对庞统可谓言听计从了。

小提示

东晋著名史学家习凿齿曾说:"庞统惧斯言之泄宣,知其君之必悟,故众中匡其失,而不修常谦之道,矫然太当,尽其寒谔之风。"是说刘备虽然深知益州的重要战略意义,但因为碍于刘璋同是刘氏宗亲的缘故,迟迟下不了攻克益州的决心。庞统对刘备的这种心思了若指掌,因此献上三计。这三计乍看各有各的道理,但真正可实施的仅中计一条而已。如果单独只献中计,刘备一定会推托考虑,而同时献上三计,就在无意之间让刘备进行了一种被动的选择,因此蜀地可夺。庞统的三计,不仅是熟悉战略的结果,同时也是熟悉人性的结果。

我说投降你就信
——赤壁先锋黄盖

孙、刘联军制订了联合抗曹的战略计划后,便决定在赤壁给曹军一记重击。虽然蜀汉方面的诸葛亮和东吴方面的周瑜英雄所见略同,都决定采取火攻的方式打击曹操,但是具体实施起来,还是有许多细节问题难以解决。

这时,曹操派遣蔡中、蔡和两兄弟假意投降东吴,一方面试图暗中窥探孙、刘联军的动向,另一方面要在战争打响时,秘密接应。

蔡氏兄弟的诈降怎能瞒得过东吴都督周瑜的眼睛,他洞悉此二人的心思,决定不动声色,将计就计。

一天深夜,东吴三朝元老、大将黄盖来到周瑜帐内,见到周瑜后,开门见山地对周瑜提出了自己对即将到来的战争的看法。巧的是,黄盖也想到了用火攻的方法来破敌。对于黄盖,周瑜是非常钦佩和信任的,便毫无保留地说出了自己的想法。

黄盖听到周瑜的计谋之后,对此计赞不绝口,并主动请缨,希望由自己来配合周瑜"演一场戏"。

在周瑜的计谋中,必须有人先进入曹营做内应。眼前须发花白的黄盖,对自己的年龄丝毫无所顾忌,他说自己的年纪和身份是最好的掩护,如果想要成功骗过曹操的耳目,实行反间计,他是东吴所有人中最合适的人选。和江东的基业相比,他甘愿做此次诈降的主角。

周瑜对黄盖的深明大义非常感动。要知道,曹操生性多疑,此时大战在即,就算是真要投降,也是要冒着被曹操怀疑杀害的风险,别说黄盖只不过是诈降。

商议已定,立即行动。

就在周、黄密谈的第二天,周瑜召集了东吴所有大将,准备部署攻曹的作战方案,其中自然也包括蔡中与蔡和。

就在周瑜命令各将领分头准备三个月的粮草时,老臣黄盖对周都督的命令提出了质疑。他说:"曹操乃今世枭雄,实力已今非昔比,何况他又有皇帝撑腰,要想打败谈何容易?三个月就想破曹,真乃黄毛小儿之言,即使是三十个月,曹操也不会就这样被打败的。依我看,就应该只准备一个月的粮草,如果一个月内不能打败

曹操,以后再多时间都无济于事,这时就该识时务,投降才是正道,以免百姓跟着受苦。"

黄盖的这番言论一出,让当下所有的将领都傻眼。虽然此时东吴军中不乏高唱投降论调的将领,但在周瑜面前谁也不敢轻易将这种想法表露出来。

果然不出众人所料,周瑜听到黄盖的话后火冒三丈,直骂他长他人志气,灭自己威风,并说黄盖在大敌当前之际动摇军心。

黄盖和周瑜在众人面前做了一场好戏,至此为止,在旁人眼里看来周瑜和黄盖已经决裂无疑了。那么,当黄盖派人给曹操传递诈降书的时候,一切看起来也是十分自然的。

黄盖的诈降书大意是说:自己深受孙氏的恩德,虽然待遇很好,但以如今天下形势来看,区区江东六郡人马岂会是中原百万大军的对手,这无疑是螳臂挡车;虽然江东的文武百官都明白这一点,但周瑜和鲁肃始终固执己见;识时务者为俊杰,投降已为大势所趋,等到交锋之日,我黄盖愿为前锋,见机行事,为曹公效命。

黄盖虽然给曹操写了信表示自己投降的决心,可想要曹操相信自己并不是那么容易。送信人到了曹操军中,曹操虽然怀疑,但还是和送信人密谈了许久。终于,送信之人用杰出的口才让曹操对黄盖的投降深信不疑,加上当时曹操举兵南下,孙权一方草木皆兵,真正敢提出抗曹的只有周瑜、鲁肃少数几人,所以曹操很自信地认为黄盖是被自己的威势所慑。

黄盖的诈降计已经铺垫完毕,当所有的一切都准备好,黄盖便率领数艘诈降船只,且全部装满柴草,浇上了火油,又在大船后系上小船,然后浩浩荡荡地驶出,准备与曹操汇合。

就在诈降的船只驶到离曹操战船仅二里时,黄盖下令所有船只放火,此时东风大作,火借风势,所有的船都烧在一起。

黄盖率领众兵士跳上事先准备好的小船,返回了东吴。

经此一战,曹操的战船尽皆烧毁,曹操经历了他有生以来最大的一次失败,本人也差点丧命。

> **小提示**
>
> 《三国志》这样评价黄盖:"江表之虎臣。"周瑜与黄盖合演苦肉计的故事,在后世演变出一句歇后语:"周瑜打黄盖——一个愿打一个愿挨。"
>
> 这并不是一方的智慧,或者另一方的英勇,而是周瑜和黄盖双方对保卫江东基业的责任使然。
>
> 同时可以看出,战争胜利也是情报真假的胜利,这场为实现反间计而上演的苦肉计,何尝不是中国古代版的谍中谍。

"潜伏大师"
——司马懿五十年见证自我

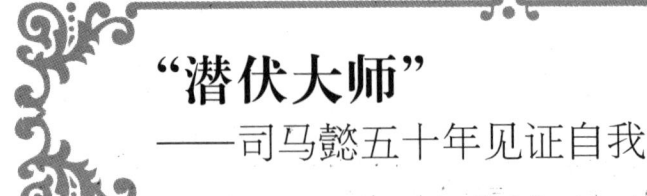

人们常说"乱世出英雄",天下大乱之时,社会运转的机制改变了,许多在治世中不会出现的机会也就应运而生,大凡心中有抱负的人都不会轻易放弃这样难得的机会。于是,在三国这样的乱世之中,出现了曹操、刘备、孙权等大英雄。

按照常理来说,英雄人物一旦获得了机会,创建了一番事业之后,对权力的野心也就自然而然地显现了出来。然而,在权力面前,有一个人却不动声色,隐忍几十年,只为赢得最后的胜利。

他就是被当时的名士杨俊称为"非常之器"的司马懿。

司马懿是三国时期辅佐了曹魏四代君主的重臣,他对曹魏政权有非常大的贡献,然而这个在曹魏集团中臣服了五十年、在曹叡临终时被委以托孤重任的魏国老臣,在他晚年时,却导演了一幕司马氏与曹氏争权的政治戏码,最终从幕后走到台前,成为最后的赢家。

很难想象在充满了血雨腥风的三国时代,用五十年时间隐忍、臣服,需要多么大的忍耐力,然而司马懿做到了。

【司马懿】

他的经历似乎是曹魏篡汉的翻版,曹氏篡汉、司马氏篡魏。

司马懿的才能很早就被曹操注意到了,在听到司马懿的名声后,曹操第一时间就想将他召到麾下效力。

但年轻的司马懿看到汉王室衰微,不愿意屈就在曹操门下,便假装患有严重的风痹病。

曹操对司马懿患病一事持怀疑态度,就派出一名刺客,夜间去司马懿的住处打

探消息。

当刺客半夜三更潜入司马懿的床前,举刀威吓时,司马懿一动不动,似乎真患有风痹一样。

曹操升任丞相之后,再次表达了希望司马懿来帮助自己的意愿,却仍被司马懿拒绝了。曹丞相一气之下,使用强制手段逼迫司马懿为自己效力。

不得已,司马懿加入了曹魏集团。

虽然司马懿此后尽心辅佐曹操,但精明谨慎的曹操仍在"忠臣"司马懿的身上看出其"有雄豪志"、"狼顾之相",因此,曹操对司马懿一边委以重任,一边又暗中防备。

对于曹操的猜忌,司马懿心知肚明,为了让自己"演"得更真实,司马懿采用了投其所好的方式,来增加曹操对他的信任。他知道曹操想要夺取汉室天下的心思,便几次三番地对曹操表明自己对他的支持,这让曹操开心不已。对于曹操下达的所有命令,司马懿都尽心尽力做到最好,任何人看他都是曹魏集团中无可替代的忠臣。

曹操去世后,曹丕掌权。不同于对曹操的完全臣服,对于曹丕,司马懿改变了角色,由一个忠顺的臣子变身为有决断、有智能,能为曹丕提供最大帮助的谋臣形象。

这样一来,司马懿的地位也得到提高,从尚书、督军,一直到托孤重臣,时间随之过了几十年。

时机仍未成熟。

曹叡临终时,将年仅九岁的曹芳托付给了两个人,除了司马懿之外,还有一个是曹氏的宗室——曹爽。虽然司马懿有能力和谋略,但曹爽毕竟是曹家人,硬要夺权,司马懿仍然没有十足的把握。

几十年都等过去了,不妨再等一等。

不久后,机会来了。

曹爽在成为托孤大臣之后,十分骄傲。为了使自己威名远扬,他不听劝告,一意孤行,两次发动对蜀汉和东吴的战争都以失败告终,这使得魏国国力衰退,民心也转向了司马懿一边,魏国许多将领都希望司马太傅出面主持时局。

曹爽却继续结党营私,不顾民怨沸腾。

这时的司马懿表面上装作年事已高,无力掌管政事的样子,暗中却在积极谋划,准备消灭曹爽的势力。

待到万事俱备时,司马懿利用皇帝御诏,以谋反罪诛杀曹爽及其党羽,最终将大权从曹氏手中夺了过来。

第一爱将有节操
——张辽一心为曹

大将张辽是三国时曹魏集团"五子良将"之一,一生战功赫赫,常令敌军闻风丧胆,就连当时东吴主公孙权,听到他的名字都胆战心惊。

张辽祖上本不姓张,他的先祖是西汉时期聂姓商人。在汉武帝试图击败匈奴的"马邑之谋"中,张辽的先祖参与其中,后来因计谋被匈奴单于识破,未能成功。张辽的先祖没能完成使命,常被时人埋怨,整个聂氏家族为了能够过安定的生活,因此改姓了"张"。

张辽在少年时期,便因过人的胆识和勇气,在雁门郡府中做了一名郡吏。后来因为汉室衰微,董卓作乱,失去依托的张辽不得已在董卓手下做事。等到董卓被杀,他又投奔了当时的勇将吕布。直到吕布被杀,张辽才遇到了真正的明主——曹操。

从一个默默无闻的降将,到"五子良将"之一,再到与曹操共乘一车的高级待遇,张辽之所以成功,靠的是自己的实力和对曹魏集团的耿耿忠心。

作为降将,张辽虽然有杰出的军事才能,但毕竟不是曹操的嫡系,再加上曹操性多猜忌,张辽起初并没有被重用。他在曹操军中显露头角,是与关羽同解白马之围。在这场著名的战役中,张辽作为副将,辅助关羽,一举击败袁绍的大将颜良,使正在官渡苦守的曹操成功逆转了战争不利的局势,为最后的胜利奠定了基础。

张辽在此次战争中,虽然功劳不及取了颜良首级的关羽,但是他的勇猛、果敢

【张辽画像】

英雄篇　文治与武功的交响曲

和军事才能,已经全被曹操看在眼里。

张辽勇猛过人,但并非是有勇无谋的匹夫。

就在解白马之围的第二年,张辽、夏侯渊与昌豨对峙于东海,几个月过去了,战事并没有实质性的进展。这时,曹营的粮草已经不多,再这样下去,恐怕曹军撑不了多久,夏侯渊已萌生了撤军的念头。

然而,张辽却不同意撤军,他只身上山,凭自己的胆识和口才,不动一兵一卒,劝降了昌豨。

这时,曹操已对张辽刮目相看了。

为辅佐曹操称霸大业,张辽一生几乎都是在战争中度过。他在邺城攻破袁尚,又在白狼山斩杀了乌桓的蹋顿,辽东的柳毅,淮南的梅成、陈兰等当世豪杰,也无一不是张辽的手下败将。

对张辽来说,一名武将尽忠最好的方式,就是替主公拼杀在疆场之上。

建安二十年,曹操南征张鲁时,命张辽镇守合肥。

曹操刚离开不久,东吴十万军士就在孙权的率领下进军合肥。

曹魏众将纷纷表示要等曹操回来之后再做打算,张辽却根据形势,认为面对东吴来势汹汹的十万大军,如果只守不战,必然会令己方处于被动局面,必须在敌军初来未定之时,抢先出击,才能挫败对方的锐气,同时也给己方赢得更多的时间。

于是,张辽率八百精兵,披甲持戟,冲入敌阵,直冲到孙权的麾旗之下。这一阵冲杀,吓得孙权只得转身逃走。孙权得知张辽所带兵士不满千人,下令士兵围困张辽,然而张辽并不畏惧,东拼西杀冲了出来。但他不忍自己的部下仍在重围中,又再次冲杀进东吴军队的包围,救出了自己的部卒。经过几次冲杀,孙权的人马已经被张辽的勇猛震慑住了,再没人敢上前。

此战之后,孙权对张辽的名字十分忌惮。此后十几年间,张辽始终被曹魏作为威慑孙权的不二人选。张辽也从来没有让曹魏失望过,甚至在他晚年生病时,仍带病出征,大败东吴的猛将吕范。

一生戎马生涯,让张辽的健康状况变得很差,五十四岁时,病逝于江都。

小提示

曹操曾评价爱将张辽说:"武力既弘,计略周备,质忠性一,守执节义,每临战攻,常为督率,奋强突固,无坚不陷,自援枹鼓,手不知倦。又遣别征,统御师旅,抚众则和,奉令无犯,当敌制决,靡有遗失。论功纪用,宜各显宠。"有勇有谋,又时常亲力亲为,更难得的是,张辽在曹魏集团效力的大半生中,几乎没有吃过败仗,他的功绩让后人敬佩不已。

有周亚夫之风
——徐晃樊城显神威

徐晃,是三国时期曹魏集团中有名的将领,年轻的时候曾跟随杨奉,在河东郡做一名郡吏。

汉贼董卓被诛杀后,长安城内一片大乱,民不聊生,汉献帝安危难保。徐晃认为此时应该将汉献帝送往较为安全的洛阳,以避战乱,于是他说服杨奉等汉朝残余朝官,一路保驾,陪同汉献帝来到洛阳。

因保驾有功,徐晃被汉献帝封为都亭侯。

虽然皇帝暂时安全了,但是时局仍然纷乱不堪,各种势力之间的权力斗争仍在激烈上演。杨奉的势力较弱,如果不在这个时候做出正确的选择,很可能就会在乱世之中被消灭。

此时的徐晃虽然年轻,却不缺乏审时度势的眼光,他认为曹操是当世人杰,是一个在将来能有所作为的人,便奉劝杨奉归顺曹操,杨奉听从了他的建议。

杨奉毕竟只是朝廷中普通的官员,政治眼光有限。曹操护送汉献帝前往许昌时,杨奉经不起韩暹的教唆,突然倒戈,以救驾之名和曹操展开了一场注定失败的较量。

徐晃看到杨奉的所作所为,大感失望,便趁此机会投奔了曹操。

从此,曹操的阵营中又多了一位忠实的猛将。

在投靠曹操之后的数十年间,徐晃跟随曹操东征西讨、南征北战,经历大大小小无数战役,不论是曹操以少胜多的官渡之战,还是对曹操而言视为重要转折点的赤壁之战,不论是征讨关中,还是征讨汉中,都能见到徐晃的身影。

在多年的征战生涯中,徐晃每每建奇功,在曹魏诸将中的地位也越来越高,他本人更是以治军严谨著称,尤其是在樊城一战,更是被曹操称赞为"有周亚夫之风"。

关羽水淹七军后,又不断诛杀了多名曹魏将领,士气大增。

此时,征南大将军曹仁驻守襄阳,大有被围困之势,在关羽的紧密攻击下,捉襟见肘,穷于应付。

这时，徐晃奉命前来援救曹仁。

他深知，自己所率的多是新兵，以这样的实力，在关羽面前是没有胜算的，于是按兵不动，打算等其余兵马集结之后，再一起出兵迎敌。因为就在徐晃赶来支持樊城的同时，曹操另派出了十二营的兵士，并将这十二营的指挥权全都交给了徐晃。

为了遏制兵分两路的关羽军队，徐晃采用了声东击西的战术，最终关羽军队节节败退，只能缩回营寨之内。

徐晃见此情景，英勇向前、穷追不舍，紧随溃败的关羽杀入蜀汉的阵营之中。蜀汉军士看到魏军冲了进来，顿时大乱，徐晃便趁着乱势，诛杀了蜀汉军中的多名将领，大败关羽军的同时，也解了樊城之围。

关羽在樊城所修建的营寨十分坚固，不仅周边有深壕，还有十层的障碍，布置得极为严密。

这种营寨结构，如果在厮杀时想要从周边攻破，几乎没有半点可能性。然而徐晃却在战斗中临危不乱，冲入关羽营寨之内，由内而外予以击破，不可不谓神勇过人。

更厉害的是，乱军之中，由徐晃指挥的部下在执行军令时井然有序、丝毫不乱，这也是徐晃的部队能够做到敌乱我不乱的原因。

樊城之围解除后，曹魏诸部聚集在摩陂，接受曹操的检阅。

为了表彰将领们的功绩，曹操特意出营七里，亲自去迎接他的凯旋之士。

不少士兵听到曹操亲自前来，纷纷出营围观，想要一睹曹丞相的风姿，只有徐晃的部下军列整齐，一动不动。

曹操看到徐晃的部队后，不由得称赞道："徐将军真可谓有周亚夫之风！"此后，徐晃便得了一个"曹魏周亚夫"的称号。

小提示

据《三国志》记载："晃振旅还摩陂，太祖迎晃七里，置酒大会。太祖举卮酒劝晃，且劳之曰：'全樊、襄阳，将军之功也。'时诸军皆集，太祖案行诸营，士卒咸离陈观，而晃军营整齐，将士驻陈不动。太祖叹曰：'徐将军可谓有周亚夫之风矣。'"有史以来，军纪严明是作战部队最有利的攻防武器之一，徐晃在樊城之战中率领的部队多为新兵、新部，然而正是因为他治军严整，才能使他在冲锋陷阵时，没有后顾之忧。

肥马跑不过瘦马
——世有庞德犹有伯乐

我们都知道,在冷兵器时代,将士们在战争中如果有一件得心应手的武器,无疑会给战力大大加分,再配上一匹骏马,那便是如虎添翼了。

三国时期有名的宝马不在少数,比如赤兔马、的卢马。这些有名的宝马长期跟随主人征战,和主人之间建立了一种很微妙的情感,这种情感甚至无法用科学来解释清楚。

在演义中,蜀汉的关羽在樊城失利之后,又在东吴吕蒙的计谋中失去了荆州,无奈之下败走麦城。

最后,诸事不顺的关羽被东吴所擒,惨遭杀害。

就在关羽大势已去时,曾跟随他的许多部将都四散逃走,但他所骑的赤兔马却对关羽不离不弃。因为主人的死去,赤兔马不愿顺从新主人马忠,竟绝食而死。刘备的的卢马也颇为神勇,起初人们都将的卢马视作不祥之马,认为不吉利,但在刘备被蔡瑁设计欲相谋害之时,的卢马载着他飞跳过数丈悬崖,最终使刘皇叔脱离了险境。

有了这些"神"气十足的故事在先,人们对马的关注度也越来越高。但是,并不是所有的好马都能遇到一个懂得它的好主人。这就好比一把打磨好的宝剑,一定要拿在同样处于上等水平的剑客手中,才能发挥出它的威力。

【刘皇叔马跃檀溪】

常言说,千里马常有,而伯乐不常有,就是这个道理。再好的马,也必须要被伯

乐这样的懂马之人相中，才能不被埋没。三国时期的著名将领庞德，就是当时堪称有伯乐之才的人，他对马的认识，有自己独特的一套。

庞德原跟随马腾南征北战，在进攻羌、氐等外族时，立了很大的战功。后来，庞德又和马腾之子马超并肩作战，行走于沙场之上。

一次，马超大破苏氏坞堡。得胜之后的马超，自然会好好收拾一下战利品，一方面在军中扬自己的威名，另一方面也可以用这些战利品犒赏三军将士。

苏氏坞堡中最出名的便是骏马，马超果然在堡中找到了百余匹良驹，很是高兴。他下令，凡军中大将，谁都可以自行在百余匹骏马之中任意挑选一匹。众将听说后，纷纷赶往马厩，竞相争抢那些膘肥体健的骏马，唯恐自己看中的高头大马被别人抢了去。只有大将庞德不慌不忙，一个人静静地站在一旁。等到大家都挑到中意的骏马之后，他才走进马厩，牵了一匹相貌丑陋、体型瘦小的黑嘴白马，也不顾别人的嘲笑，牵着这匹瘦马就走。

众人所不知道的是，这匹相貌十分不中看的瘦马，却是一匹少有的千里良驹，脚程极快，行动迅速，那些看似高大的骏马都跑不过它。

【中国戏曲中的庞德形象】

直到庞德骑着这匹马，再次冲入敌阵时，那些选择高头大马的人才见识到了这匹瘦马的本事。

这时候，人们才不得不佩服庞德慧眼识珠，都称赞他有伯乐之才。庞德也因为常骑此白马驰骋沙场，被人们称作"白马将军"。

小提示

傅玄在《乘舆马赋》中这样记载："马超破苏氏坞，坞中有骏马百余匹，自超以下俱争取肥好者。将军庞德独取一騧马，形陋既丑，众笑之。其后马超战于渭南，逸足电发，追不可逮，众乃服焉。"庞德正因为有了这匹看似容貌丑陋的马，才如虎添翼，更是在樊城之战时，于马上一箭射中关羽前额，如此大功，自然也少不了这匹瘦弱白马的功劳。

赔了眼睛输了兵
——夏侯惇中箭兵败

曹操手下，有许多身经百战的著名将领，夏侯惇就是其中骁勇善战的一员猛将。正是在这些如夏侯惇般勇猛之士的协助下，曹魏大军才能始终所向披靡，成为魏、蜀、吴三国中实力最强的一国。

夏侯惇身世显赫，是西汉开国元勋夏侯婴的后代。在奠定曹操军事地位的官渡之战中，为曹军督运粮草的重要人物夏侯渊是他的族兄。夏侯兄弟二人终生都在曹操麾下效力，是曹操十分得力的大将。

早在东汉末年黄巾军作乱时，夏侯惇就已经以副将的身份，跟随曹操举兵讨伐黄巾军，并且立下了很大的功勋。

随后不久，董卓进京，夏侯惇再次随曹操一起讨伐董卓。在大大小小的数次战役中，夏侯惇杰出的军事才能显现无遗，得到曹操的赏识。

其实，夏侯惇少年时期就已经以他不凡的气魄在故乡闻名。他虽然出身于贵族之家，却没有因此沾染到一丝一毫纨绔子弟的习气，不仅为人谦逊好学，而且十分尊重他的老师。十四岁时，曾跟随一位老师学习军事。有人因为嫉妒这位老师的才能，暗地里出言不逊，用极恶毒的言语侮辱、诽谤夏侯惇的老师。夏侯惇听说后，十分气愤，二话不说就拿起自己的佩剑，来到散布谣言者面前，一剑刺死了他。

【夏侯惇】

夏侯惇的这个举动，更是让他以刚烈和勇气成为街头巷尾谈论的对象。

东汉末年，王室衰微，一时间群雄并起，不管是有财力的还是有能力的，都想在

这样纷乱的时局中求得自己的利益,分一杯羹。

虽然各路人马总是打着"恢复汉室"的旗号,但说到底他们的战争全都是为自己而战,曹操也不例外。

当时,曹操在与袁术、孙策、刘备等各方势力相互周旋的同时,又分出一股力量前往征讨吕布。

吕布以勇猛著称,曹操想要一举歼灭吕布,最要紧的是在自己军中也找到一位勇猛无畏的大将,"以勇制勇"才能在气势上压倒对方。

经过深思熟虑,曹操觉得以勇猛、刚毅闻名的夏侯惇正是此次征讨吕布之战的不二人选。

作为军中主帅,夏侯惇始终骑马走在队伍的前列。行军数日后,夏侯惇的大军与吕布帐下中郎将高顺的部队相遇。

两军对垒,一场大战在所难免。

夏侯惇身先士卒,立即拍马上前,挺枪便战。高顺也非等闲之辈,看到夏侯惇杀了上来,起身奋力迎敌。

夏侯惇的本领略胜一筹,两个人激战了几十回合后,高顺渐渐体力不支败下阵来。

夏侯惇看到高顺逃走,乘胜追击,紧紧跟在高顺马后。

此时的高顺,打又打不过,逃又逃不走,只能围绕着阵营一圈又一圈狂奔不已,很是狼狈。夏侯惇只顾着追杀高顺,一个没注意,被一支流矢射中了左眼。

这一仗夏侯惇付出了失去左眼的代价,最终也没能取得胜利。兵败回到曹营以后,少了一只左眼的夏侯惇也因此得名"盲夏侯"。

小提示

在《三国演义》中,写成了曹性射瞎了夏侯惇的左眼。因疼痛大叫的夏侯惇并没有停止追击,反而继续打马向前,同时以单手拔箭,谁料箭射入太深,在夏侯惇的一拔之下,竟然连整个眼珠都拔了出来。夏侯惇此时已经满脸是血,当他用仅存的右眼看到那颗被自己拔出的眼珠时,竟然大喝道:"父母精血,不可弃也!"随即将自己的眼珠吃进了肚子里。就在两军将士都被夏侯惇此举深深震慑之际,夏侯惇猛地调转马头,直奔曹性而去,一剑了结他的性命,为自己报了一箭之仇。

就是不怕你
——鲁肃单刀赴关羽

魏、蜀、吴三国鼎立的局面形成后,天下十三个州,曹魏政权占据了九个,北方大部分地区基本上被曹操控制,实力在三国中是最强的。孙权的实力虽然比不上曹操,但孙氏政权在江东的基业由来已久,甚至可以用"根深蒂固"四个字形容。三国之中,实力最不稳固的便是刘备。虽然刘备的身份是与汉王室沾亲带故的"皇叔",血统最为高贵,但这位身份尊贵的皇叔,一开始却连落脚的地方都没有。

始终以"匡扶汉室"为己任的刘皇叔,虽然有远大的抱负,但苦于没有天时地利人和的客观条件,曾一度无法实现自己的雄心壮志,只能寄人篱下,过着居无定所的日子。

直到三顾茅庐,请诸葛亮出山,刘备这才与"人和"挨上了边。随后的赤壁之战,又给刘备带来了"天时"和"地利"。孙、刘联军在赤壁打败曹军后,由于东吴主将周瑜此时将精力放在占领江陵上,无暇南顾,这就给刘备带来了一个绝好的机会。他代孙权一举收复南方四郡,取得了孙权的信任,也使孙、刘联盟更为紧密地团结在一起。有了东吴的支持,刘皇叔便趁刘琦去世之机自封"荆州牧",后来又向孙权"借"了荆州。

直到这时,刘备才算有了一块自己的根据地。

时间一晃过去了四年,由于时局不断变化,荆州作为南北枢纽的重要地位愈加明显了。而此时的刘蜀政权也不再是过去那样有名无实,其地盘进一步扩大,不仅占得荆州,而且夺取了益州。

孙权眼看着刘备的实力不断增强,心中十分不悦。虽然孙、刘双方是结盟的关系,并且为了达到政治目的,孙权还将自己的妹妹嫁给了刘备,但是孙权心里明白,如果刘备照这个势头发展下去,将会对自己造成很大的威胁。

在这种情况下,孙权想向刘备要回"借"给他的荆州。于是他派出了诸葛亮的哥哥诸葛瑾去与刘备斡旋,希望刘备能够看在诸葛瑾的"面子"上,顺利把荆州还给东吴。荆州虽然不是刘备的固有地盘,但对于这样重要的地区,既然占有了,岂有随便还回去的道理?但如果不还,又似乎于理不合。这时,刘备便决定采用"拖延"

战术,他对诸葛瑾说,自己不是不愿意归还荆州,只是目前正忙于攻打凉州,无暇分心,只要自己攻取了凉州,立刻将荆州归还给东吴。

孙权在得知了刘备的意图之后,大呼其奸诈,看来文的不行,就只能动用武力了。他派出吕蒙、鲁肃等大将,准备和刘备一决雌雄。

鲁肃虽然不得不听命领兵,在益阳和关羽形成两军对峙的局面,但实际上,鲁肃并不想因此和刘备兵戎相见。在面对孙、刘双方的关系上,鲁肃始终坚持双方联盟的立场,即使目前的情况已经让双方的关系非常紧张了,但鲁肃还是希望能够凭自己的力量,尽量消除彼此之间的矛盾。

于是,鲁肃与关羽达成一致,双方都不动兵马,只有两方将军单独会面,就荆州问题进行一次会谈。

鲁肃的部将都不放心他单刀赴会,而身为一介书生的鲁肃却说:"凡事都绕不过一个理字,何况关将军也是当事英雄,他不会伤害我的。"

待鲁肃到了关羽帐中,开门见山地提出了要收回荆州的要求,关羽也毫不示弱,据理力争。

鲁肃料到了对方不愿归还荆州,说道:"当年孙将军看到刘皇叔没有栖身之地,出于盟友的情谊将荆州借了出去,现在刘皇叔已经取得了益州,实力也已今非昔比,怎么还能赖着荆州不给呢?这种做法即便是村野匹夫都不屑去做的,身为领袖人物,刘皇叔一定也不齿这样的'无赖'行为。关将军作为刘皇叔的得力干将,一定会尽心规劝主公,而不会一味护短。"鲁肃的一番话,直说得关羽哑口无言。

就这样,虽然孙、刘两军已经呈现出剑拔弩张之势,但最终因为鲁肃的单刀赴会而没有激烈开战。

最终双方协议,以湘水为界,将荆州一分为二,吴蜀两国的矛盾暂时得到了缓解。

小提示

在后世的演义故事中,鲁肃常被塑造成胆小怕事、迂腐木讷的形象,并且在著名的"单刀赴会"故事中,主角由鲁肃换成了关羽。然而,在真实的历史事件中,鲁肃是一个有勇有谋,凡事都能从大局出发,并且能言善辩的政治家。仅从单刀赴会这一件事就可以看出,鲁肃为了吴蜀两国的和平,临危不惧,以一己之力化解了两国的矛盾,真可谓智勇双全。

竹林深处的逍遥
——嵇康从容就死

三国两晋相交之际,社会格局极为动荡,由于司马氏和曹氏之间的政治争斗日益加剧,政坛处于大动乱的状态,普通百姓的生活受到很大的影响。那些有文化、有头脑的文士们也无处施展其才华,常常过着朝不保夕的悲惨生活。于是,许多无意于政治争斗的文人,过起了隐居生活,毕竟怀才不遇事小,保住项上人头事大。

【竹林七贤图】

"竹林七贤"便是当时这类隐士的代表,他们不论是在文学艺术方面,还是在音乐宗教方面,都有着极高的造诣。虽然每个人的思想倾向略有差异,但这并不妨碍他们拥有共同的崇尚虚无缥缈的精神寄托,和清淡、嗜酒、狂放的生活方式。在这七个人中,嵇康被视为精神领袖。

嵇康是三国时期魏国著名的音乐家、思想家,他一生狂放,不愿在乱世中随波逐流。虽然身长七尺八寸,容貌气度不凡,却从不注重打扮,后来过起了隐居生活,形象更是不羁,不论是外表还是内心,都只追求一种自我超越的状态。

有一次,他去深山中采药,看到漫山遍野绿油油的植物,一时兴起忘记回家,就在山上找寻洞穴住了几天。等想到要回家时,在下山途中遇到了正在山中砍柴的樵夫,那樵夫看到深山中突然出现一位气度非凡的人物,竟将其视作天人,放下柴刀就对着嵇康跪拜了起来。

嵇康的气度常让当世的许多文人、隐士都对他赞赏有加,希望能和他交朋友,但是嵇康性格狂放,从不曾因为别人的追捧改变自己的原则。著名隐士孙登曾和嵇康一起出游,一路上嵇康很少说话,并不因为孙登在旁就刻意去迎合搭讪。两人分开时,孙登意味深长地对嵇康说:"阁下的性格太过刚烈自我,在当今世上,这样的性格难免会遭遇祸患啊!"嵇康虽然知道孙登的忠告是为他好,但仍然不改本性,

英雄篇　文治与武功的交响曲

自顾自地过着逍遥快乐的隐居生活。

没想到过了不久,孙登所担忧的事情发生了。

因为嵇康的名气很大,除了文人雅士之外,许多当权者也希望能与他结交,钟会便是其中一位。此时的钟会,深得司马昭的信任,在政坛青云直上。此外,钟会个人的文化修养也极高,不仅文章写得好,而且写得一手好字,是有名的书法家。这样一位能文能武的人物,对嵇康心生仰慕,自然也就在情理之中了。

一天,钟会特意前来拜访嵇康,嵇康正在院子里亲自炼铁,对钟会的到访视而不见,一句话都没有说。

钟会在嵇康旁边站了很久,见嵇康连眼皮都不抬一下,觉得很没面子,便怀恨在心,此后总想找个机会整治嵇康。

嵇康有个叫吕安的朋友,因为他的哥哥吕巽看到弟媳貌美,便动了歹念,吕安得知后便要去状告哥哥。嵇康和吕氏兄弟都有交情,便劝吕安息事宁人,不要将家丑张扬出去,没想到吕巽却先发制人,以不孝的罪名诬告吕安。

得知此事后嵇康大为恼怒,立即出面为吕安作证。这件事让曾被嵇康冷落的钟会知道了,便从中作梗,让当局判了嵇康死罪。

【嵇康】

行刑这一天,刑场人头攒动,三千名太学生集体向当权者请愿,要求赦免嵇康。许多群众也自发来到刑场,希望能目睹一代名士最后的风采。

即将走到生命尽头的嵇康,没有一丝慌乱,他从哥哥嵇喜手中接过自己的琴,坐在刑场正中,神色自若地弹起了那曲著名的《广陵散》,就像平时在家中弹琴一样。

一曲弹毕,嵇康将琴收好,环顾四周,淡淡地说:"从前,袁准想要跟我学习《广陵散》,我没有教他,如今这首绝世好曲就要失传了,真是可惜!"

说完,嵇康从容走到行刑台前就戮。

在场的人无不被他的气魄所打动。

小提示

事实上,仅凭钟会是杀不了嵇康的。嵇康被害的最主要原因,是他长期蔑视权贵,不与当局合作的态度,引来了当权者的不满。嵇康是三国曹魏宗亲,社会影响力很大,司马氏在与曹氏的争斗中,不断排除异己,对于嵇康这样一呼百应的大人物,都是要想方设法除掉的,因此嵇康的死是不可避免的。

41

没了眉毛没了命
——王粲不听医者话

李白《梦游天姥吟留别》中有这样一句:"安能摧眉折腰事权贵,使我不得开心颜。"其中的"摧眉"二字,是低眉、低头的意思,意指对权贵低头、服软。现代有很多人望文生义,认为"摧眉"一定是使自己的眉毛受到损害,这如果放在李白的诗文中,自然是个天大的笑话。但在三国历史上,却真有一件让自己的眉毛受到损害的事情。

这件事的主人公是大名鼎鼎的王粲,他最终不仅眉毛脱落,并且还因此丧了命。

三国前后,虽然社会动荡、政局不稳,但整个社会风气和文坛动向却是从未有过的开放,不仅有"竹林七贤"这样的高士,也有"建安七子"这样的文坛巨擘,王粲就是建安七子之一,他在诗、赋方面的成就为七子之冠。

王粲出生于达官贵族之家,他的曾祖父和祖父都曾位列汉朝三公,他的父亲王谦也曾担任过大官。在这样的家庭中长大,王粲的才学自然也非常人可比,据说他幼时就天赋异禀,有过目不忘的能力。等到年纪稍长,他便得到了当时著名思想家、左中郎将蔡邕的赏识。

一次,王粲前去拜访蔡邕,蔡邕非常高兴,急忙出门迎接,由于太过匆忙,连鞋子都穿反了。

在场宾客见到这番情形,以为来访的一定是位了不起的大人物,谁料进门的却是一位年纪轻轻、身材矮小的少年郎,大家都感到十分惊奇。此时却听蔡邕说道:"这位是司空王公的孙子,实属当世奇才,别看他年纪小,我的才能尚在他之下。我家里的所有藏书,应该尽归王粲所有啊!"

世事难两全,这样一位才华横溢的大文豪,身体却非常差。二十多岁的时候,一次在洛阳遇到医圣张仲景。张神医在与王粲随意攀谈了几句之后,凭着自己多年行医的经验,看出王粲身体较弱,恐怕是患有一种可怕的慢性疾病。出于医者的本分,张仲景给王粲开了一剂"五石汤",叫他一定要按时服用。

王粲对医圣的劝告不以为然,认为自己虽然身体较弱,但都是些小毛病,只要

注意休养就不会有什么问题,况且大丈夫应该多考虑建功立业的事,怎么能年纪轻轻就和药罐子打交道呢。

过了些时日,张仲景再次遇到王粲,便问他服药的情况,王粲随口说已服过药。

张仲景仅从面色就看出王粲所言并非事实,只见他叹着气说:"你已经患了严重的病,如果从现在加以控制,情况会有所好转,但如果你一意孤行的话,等你到了四十岁,眉毛就会慢慢脱落,再过半年左右,恐怕性命不保啊!"王粲知道张仲景医术非凡,但再神奇能预测二十年后的病症吗?何况他也没有给自己做什么特殊的诊断,因此王粲还是没有把医圣的话放在心上。

后来,王粲跟随曹操四处征战,地位日渐显赫,然而他的身体却越来越差。等到了四十岁那年,果然开始掉眉毛,王粲这时才想起张仲景的那一席话,但为时已晚,半年后就过世了。

一位文坛巨擘只因为不遵医嘱,就死在了眉毛这样的"小"事上。

> **小提示**
>
> 《黄帝内经》有云:"美眉者,足太阳之脉,气血多;恶眉者,气血少。"眉毛的疏密程度,直接和肾气是否充沛有关。张仲景因为高超的医术,一望便知王粲的身体情况,这也不得不说中华医术的高深。王粲不听医嘱的故事,虽然常被人们当成讳疾忌医的例证,但这样一位难得人才的早逝,也成为中国文坛上的一大遗憾。

出师一表留重担
——董允担起托孤大任

公元227年,诸葛亮准备北伐,此时距刘备去世已经四年,后主刘禅年纪尚轻,因此蜀国的大小事务都是由诸葛丞相代为处理。

北伐的计划制定下来后,诸葛亮最为担心的问题,并不是此次北伐能否成功,而是担心他离开汉中之后,后主刘禅是不是能够在没有他辅佐的情况下,平平安安等到他回来。

毕竟后主资历尚浅,而时局又那么复杂,想要在一夕之间让他成为一名政治高手,完全是不可能实现的。

诸葛亮面对内部问题忧心忡忡,但是北伐的计划又不能不实施。

北伐,虽然在外界看起来是把矛头对准曹魏政权,沿续的战争路线依然是刘皇叔在世时始终坚决贯彻的"匡复汉室",但诸葛亮心里很清楚,大汉王朝已经灭亡了。

魏蜀吴三国的领导者此时都已经相继称帝,各自占据一方,想着消灭另外两股势力,使自己成为中原新主人,所谓的"汉朝基业"无非是给自己一个好听的名号罢了。

蜀国自刘备去世后,实力已大不如前。那些蜀中旧臣,虽表面仍然归顺,但各有各的打算,因为诸葛亮的治国方略和朝中地位,暂时可以震慑住,但是如果诸葛亮离开了,难免会有一些犯上作乱的状况出现。

诸葛亮这次选择北伐,实际上也是希望借对外战争的方式,来转移蜀国各阶层的目光,暂缓内部矛盾。因此,北伐是不得不行的计划。

由此看来,既要北伐,又要稳定蜀国政局,非得找到一个可靠的忠臣,在诸葛亮离开汉中时,代替他辅佐后主刘禅。

诸葛亮想来想去,觉得黄门侍郎董允是最合适的人选。

董允为人秉正、忠厚、清廉,与诸葛亮共事多年,深得诸葛亮的信赖,并且在刘禅被立为太子后,就始终以宫中舍人、侍从官的身份陪同在刘禅左右,对刘禅的性格和习惯可以说是了如指掌。

诸葛亮认为以董允的能力和朝中地位，可以尽到匡扶君主、保持蜀汉后方稳定的职责。于是，诸葛亮任命董允担任侍中一职，还将统领宫中卫兵的重任也一并交给了董允。

这就使董允既在文官层面有了很高的地位，又手握兵权。如果把这样重要的职位交给别人，思虑过重的诸葛亮实在很难放心，但是董允完全可以让他没有后顾之忧。事实上，董允也确实没有让诸葛亮失望。

由于诸葛亮的身份特殊，威信极高，刘禅即位后对他又敬又怕，很多事情都不敢做主。这下诸葛亮带军北伐，刘禅正想放开手脚大玩特玩，谁知董允仍无时无刻盯在他的身后。

刘禅喜好美女、音乐，终日在后宫中宴饮玩乐，还想在民间挑选绝色美女，董允知道刘禅的心思之后，非常严厉地对他说："现在，您的嫔妃已经很多了，不应该再增加。"刘禅知道董允说得有道理，只得作罢。

宫中有宦官黄皓想要升官，便投刘禅所好，极尽谄媚之能事。董允知道后，一边怒骂黄皓误主，一边向刘禅进言，希望他远离小人，以国家大事为重。

在董允不断的劝谏下，蜀汉政权在诸葛亮北伐时，仍能保持与诸葛亮在汉中时一样的稳固，刘禅也没有任何离谱的举动，这不仅证明了诸葛亮看人的眼光，也表现出董允杰出的政治才能和忠于国家的品性。

小提示

诸葛亮在《出师表》中说道："侍中、侍郎郭攸之、费祎、董允等，此皆良实，志虑忠纯，是以先帝简拔以遗陛下。愚以为宫中之事，事无大小，悉以咨之，然后施行，必能裨补阙漏，有所广益……至于斟酌损益，进尽忠言，则攸之、祎、允之任也……若无兴德之言，则责攸之、祎、允等之慢，以彰其咎。"在北伐前给后主的上书中，董允的名字被几次提到，这样的大力推荐，也可以看出诸葛亮对董允的重视程度了。

奇谋"造王者"
——智囊董昭助曹魏

曹操和刘备、孙权相比,出身最为卑微,是一个宦官养子的后人,但是曹操的政治成就却远远高于刘备和孙权,这是因为他那著名的"挟天子以令诸侯"的主张,让他占据了政治上的优势。

东汉末年,汉王室有名无实,但毕竟天子还在,虽然以汉献帝的年龄和势力而言,汉王室衰微的局面不会有任何转盛的迹象,但是天子的名号依然可以发挥号召天下的作用。

孔子曾说:"名不正,则言不顺;言不顺,则事不成。"名正言顺是中国古代最重要的思想基础之一,曹操也深知这一道理。所以,在他的谋士毛玠、荀彧等人为他提出这一重要思想规划后,曹操便为这一战略主张的实现做出了多方面的努力,而真正促成曹操集团实现这一主张的人物是董昭。

董昭原在袁绍帐下效力,后来袁绍听信谗言疏远了他,甚至想要治他的罪。于是,董昭出逃,到达河内时,留在张杨的军中。这时,正逢曹操想要借道河内去觐见汉献帝,张杨起初不肯让路,作为谋士的董昭,帮张杨分析了曹操的实力。他指出,曹操现在虽然实力较为弱小,并且看似与袁绍联合,但是以曹操的才干,绝不会长久居于人下,迟早有一天会飞黄腾达,应该趁着这个机会和曹操结交。

张杨觉得董昭言之有理,并且代曹操向朝廷通报,对自己也没有任何损失,最后同意了。

董昭这次和张杨的对话,虽然处处是为张杨着想,但实际上是他已看出曹操是当世了不起的英雄,才会做此分析。

随后不久,在杨奉的斡旋下,曹操被封为镇东大将军,这可以让他自由出入朝廷。在汉献帝从安邑到达洛阳之后,曹操再次前往朝廷觐见汉献帝,因为赏识董昭的才能,曹操在此行前,特意找到董昭商量对策,希望在他那里得到一些指点。

董昭先从当时的局势说起,他认为曹操虽然集结了诛杀乱臣贼子的义军,并且得到了四方有识之士的响应,但在这样的乱世里,义军中的各个将领可谓心怀鬼胎,未必真心跟随曹操。只有请圣驾移至许县,以皇帝的名义行事,那么,曹操再有

任何举措,都可以做到师出有名了。

董昭的建议正好与曹操心中"挟天子以令诸侯"的想法不谋而合,但是与许县相邻的梁县,有杨奉的重兵把守,曹操如果这样做,恐怕杨奉会出面阻止。

这样显而易见的问题,董昭自然早就想到了,于是他对曹操说出了他计划好的下一步棋。董昭说,杨奉曾为曹操封为镇东大将军出过力,现在可以派使者为他送去厚礼表示感谢,令他放松对曹操的警惕。其次,洛阳城内因为董卓之乱,已经丝毫没有都城的样子,城池破败,缺粮少民,可以说出于对圣上安危的考虑,将圣驾移至较为富裕的鲁阳,而鲁阳离许县很近,下一步再到许县就很容易了。曹操听到此计拍手称快,于是依计行事。

杨奉为人虽然勇猛,但是缺少智谋,他看到曹操的一连串行动,只觉得曹操是大大的忠诚,没有任何防范。等到汉献帝移驾到许县之后,杨奉才发现事情不妙,再调动人马前来阻止为时已晚。

就这样,董昭利用自己的智慧,帮助曹操完成了"挟天子以令诸侯"的政治主张,为其后期的胜利奠定了基础。

小提示

陈寿曾在《三国志》里说:"程昱、郭嘉、董昭、刘晔、蒋济才策谋略,世之奇士,虽清治德业,殊于荀攸,而筹划所料,是其伦也。"董昭之才,让他能够在纷乱的时局中,拥有超出常人的非凡眼光。他清楚社会的发展趋势,看到汉室必亡的结局,所以一直为曹魏效力,这也是他与荀彧等其他曹魏谋士不同之处。荀彧等人虽然也不遗余力地为曹魏出谋划策,但他们的出发点还是希望透过曹操恢复汉室,对汉王朝始终是有所期待的,而董昭却能看到不可逆转的历史进程,这也是唯独董昭得以善终的原因所在。

曹魏第一接班人
——曹冲早逝成遗憾

曹冲为曹操庶子,字仓舒,不仅长相俊美,而且小小年纪就有了成年人一样的智慧,五六岁就有称象的典故流传。他的聪明才智有目共睹,是三国时期有名的神童。

曹冲是曹操小妾环夫人所生,也许这样的出身让他宅心仁厚,能体恤常人之疾苦。

一次,曹操的马鞍放在仓库里被老鼠咬坏了,库吏吓得要死,不知该如何是好。曹冲知道后,用刀把自己的单衣弄得像老鼠咬坏的一样。曹操见自己的宝贝儿子一脸愁容,原因只是单衣被老鼠咬坏,害怕自己会不吉利,紧接着,库吏就来汇报马鞍被老鼠咬坏了,曹操会心一笑:"我儿子的单衣就在身边都被咬坏了,何况是挂在柱子上的马鞍呢?"就这样,库吏逃过一劫。

除了库吏,曹冲还凭借自己过人的思维能力,对自己的父王晓以微理,救下几十人。

虽然只是一些小事,曹冲的有勇有谋却得到了曹操的赏识。

一棵好苗不仅要自身天赋好,更需要好好栽培。于是,曹操委任司马懿做曹冲的老师,让他好好培养曹冲,这样明显的用意不外乎是想立曹冲做世子。但司马懿却一再推辞,他想选个自己能驾驭得了,又能利用的人来辅佐,自己玩不过曹冲,宏图大业不就死在襁褓里了吗?虽然曹冲为庶出,但同样出身不好的曹操并不介意,而环夫人也深得曹操宠爱。曹操多次在众臣面前表示有意弃长立幼传位给曹冲,对曹冲的喜爱表露无遗。幕僚们看到曹冲被立为世子的胜算大,自然拥护他的人也就多起来。

这样一来,曹冲既得君心又得民心,前程一片大好。

可是危机也慢慢地接近了。曹操儿子众多,他偏偏只宠爱曹冲一人,其他儿子不嫉妒是不可能的。有希望立世子的几个人更是把曹冲当成眼中钉、肉中刺,尤其是奸险狠毒的曹丕欲除之而后快。也许是因为曹冲锋芒毕露引来杀身之祸,也可能是天妒英才,曹冲十三岁时病重不治身亡。曹冲去世那年冬天,正好是赤壁之战

（公元208年），曹操还没从痛失爱子的阴霾中走出就跨马南征，结果迎来自己人生中的第一次大败。

一个神童的传奇就这样戛然而止，悲恸遗憾的肯定有挚爱他的父亲。曹操对宽慰自己的曹丕说："这是我的不幸，又是你们的大幸啊！"曹丕尴尬以对。从曹操的话中可以看出，曹冲如果不是早逝，是很有机会继承曹操的基业的。后来，曹操还杀掉了另一个叫周不疑的神童以绝后患。曹丕想要留下周不疑辅佐自己，为周求情却被曹操怒斥："如果曹冲在还好，周不疑不是你这样的人能驾驭的！"曹丕即位后，也常自嘲："如果曹冲在，天下就不会是我的。"

曹冲虽然聪明，但聪明反被聪明误，不懂大智若愚，不懂韬光养晦，太过耀眼。而曹冲的死，曹操也要负责任。如果不是他对曹冲明显的偏爱和重视，"曹二代"敌视的目光也不会这么快聚焦到曹冲身上。凭借曹冲的智慧，父子二人联手合谋打天下，统一三国恐怕不是问题，更不会有后来司马懿篡权这一说了。

> **小提示**
>
> 著有《闻见后录》的宋代作家邵博曾说："魏武之子仓舒，十三而存，则汉之存亡虽未可知，必不至于杀荀文若辈矣。则夫之寿夭，所系者可胜言耶。"从江山定局来看，如果曹冲没有夭折，而是顺利继承了曹操之位，中国历史的轨迹说不定会朝着另一个方向发展。从小的方面来看，像荀文若这样的能人谋士，也不会因为心智谋略高于其他"曹二代"，而被曹操所杀了。

男人也是水做的
——曹丕以哭占先机

很多人对曹操这样的枭雄式人物赞不绝口,也有人对"七步成诗"的曹植心生敬佩,但是多数人对魏文帝曹丕却了解不多。

毕竟在"三曹"中,他的成就与才气都显得比较中庸,既不像曹操权倾一时,又不如曹植才高八斗,但就是这么一个看似中庸的人,却能从曹操二十几个儿子中脱颖而出,顺利继承王位,所用的绝招就是哭。

【魏文帝曹丕】

哭,堪称古往今来政治作秀的必杀技之一,刘邦三哭祭项羽,王莽泣涕侍疾王凤,哭得恰逢其时,能够哭来仁义名声和权势地位。而曹丕作为一个写文章都理性克制的人,却用哭来表达情感,其实也是被自己的胞弟曹植逼的。因为曹植实在太有才了,诗文辞赋华章溢彩,才气名声闻达九州,都让身为长子的曹丕相形失色。按照嫡长子继承制,曹丕本可以稳坐钓鱼台的,但是父亲曹操久不立储,加上属意曹植继位的种种迹象,一度让曹丕惶惑自疑,他甚至还请过一个相面高人相看自己的命格和年寿。

好在作为一个政治EQ不低的人,曹丕顶住了重重压力。你跟我谈文学,我就跟你讲政治;你给我看才华,我就向你秀感情。他一方面与曹操身边的谋士搞好关系,在曹操面前大卖"好感度",另一方面广纳能人贤才,为自己出谋划策。最终凭借打感情牌的"哭戏",击败了才气浓厚的才气小王子曹植。

有一次,魏王曹操出征,曹丕和曹植都来给他送行。按照惯例,送行的人都会说几句话来表达对远行出征之人的不舍和祝福。曹植当场出口成章,洋洋洒洒地

赞颂曹操功德，华词丽藻，抑扬顿挫，让随行人员叹为观止，曹操也听得心情愉悦。一片祥和融洽的气氛中，曹丕心情沉重，因为曹植在文武百官面前先声夺人，极尽文采，分明是没给自己留活路，自己说什么都成了曹植的陪衬了。正当曹丕暗自惆怅的时候，他的谋士吴质不动声色地靠过来，在他耳边说了一句："魏王出发的时候，您痛哭流涕就行了。"于是，等到曹操辞别众人，打马准备出发的时候，曹丕涕泪横流地拜别，曹操和一众人员都唏嘘不已，这才是父子情深啊！曹植虽然口吐华章，但不见得有诚心，但你看曹丕哭得那么伤心，这才是一个儿子舍不得父亲的真情流露。曹丕一哭瞬间将形势逆转，夺得了先机。

其实，早在曹丕还是五官中郎将的时候，他就在曹操的心腹谋士贾诩的提示下，制定了"打感情牌"这一策略。当时，忧心自己地位的曹丕曾派人就"自固之术"请教曹操身边的大红人贾诩，贾诩指点他说："只要您重视道德与法度，亲建士人功业，坚持每天勤学奋发，不违背身为人子的道义就行了。"曹丕听从了贾诩的话，暗自修炼自身，这其实也是一种姿态：看，我都按您老的意见做了，咱们情分可不一样，您可得多在我爹面前替我美言几句。

果不其然，这个拉近距离的感情牌奏效了。后来，曹操和贾诩有过一次关键性的秘密谈话，曹操就立储的问题询问贾诩的意见，贾诩这个老油条只是嘿嘿笑着没答话。曹操就纳闷了，我跟你讨论严肃的事情，你傻笑着不答话是什么意思？贾诩就说，我刚才因为你那个问题有感而发，所以没有立刻回答。曹操当然会顺着问，你想什么呢？正中下怀，贾诩说，我想袁本初和刘景升父子呢。袁绍和刘表都是因为废长立幼，导致辛苦打下的基业毁于一旦。贾诩对立储的意见昭然若揭，聪明的人就是会说话，一句话间接反对废长立幼又不得罪人，还援用了实例来证明自己的观点，一针见血，言简意赅。

曹操听了大笑，将曹丕立为太子。

就这样，曹丕又一次因为感情牌的胜利成为大赢家。

虽然很多人认为曹丕"矫情自饰"爱作秀，但《短歌行》中的哀思怀念之情是毋庸置疑的。"其物如故，其人不存"的泣涕咏叹也算是他"哭"得有始有终吧。

小提示

魏文帝曹丕在政治方面表现得中规中矩，却在文学上颇有建树，他曾写下《燕歌行》等中国较早的优秀七言诗，还撰写了《典论·论文》，在中国文学批评史上占有重要地位。但正如刘勰《文心雕龙》所述，"文帝以位尊减才，思王以势窘益价"，人们心目中的天平总会有所倾斜，才气斐然却夺位失败的曹植无疑被视为值得同情的人物。人们对曹丕、曹植二人的高下看法也是仁者见仁，智者见智。

都是喝酒惹的祸
——曹植的太子之争

最聪明的儿子曹冲早早过世以后,曹操又要开始考虑该选哪个儿子当自己的接班人了。

不过,在曹操众多的儿子当中,实际上的候选人只有曹丕和曹植这两兄弟。

在当时,虽然曹丕是长子,可曹操并不奉行嫡长子继承制,这也就给了曹植竞争继承人的机会,而曹植因为文采出众,名气要比曹丕大很多,因此曹操倾向于立曹植做自己的继承人。

可是,本来已经占据优势的曹植自己却不争气。曹丕因为比不过弟弟曹植,所以费尽心思广结良臣,帮助自己博取宠爱,曹植非但没有警醒,反而为所欲为,丝毫不考虑后果。

公元208年,对于曹操而言无疑是人生最难过的一年。先是五月份爱子曹冲病故,接着又碰上十二月在赤壁大败。家庭、事业双双出了问题,曹操不由得急火攻心,毕竟曹操曾当众表示看好曹冲做自己的接班人,也自信赤壁之战一定能够拿下江东,谁知却是赔了儿子又折兵。

曹丕倒是会看机会,知道曹操伤心,于是跑到曹操面前写祭文哀叹:"如何昊天,雕斯俊英?呜呼哀哉,惟人之生,忽若朝露。"翻译成白话就是:"老天爷呀,为何让我的俊才弟弟过早凋零?他的生命像朝露一样短暂。"曹丕这番作秀哪里

【顾恺之《洛神赋图》中的曹植全身像】

逃得过曹操的眼睛,正赶上曹操心情不好,便直接对曹丕说:"此我之不幸,而汝曹之幸也。"曹丕惹得曹操不满,自己碰了一鼻子灰,自然就给了曹植机会。而曹植外

露的性格也十分讨曹操欢喜,不过,曹操喜欢曹植归喜欢,但他也了解曹植自身的坏毛病,担心曹植因为"任性而行,饮酒不节"闹出事来。于是,曹操特地嘱咐曹植,喝酒可以,但不要不加节制。谁知曹植在曹操面前答应得很好,离开后就把曹操的话忘了个干干净净。

时值六十岁的曹操南下攻打孙权,就将邺城内的大权交给曹植,既想乘机锻炼曹植,也是向群臣表示对曹植的看重。不过,曹植毕竟刚满二十三岁,还是年轻气盛的年纪,曹操虽然器重曹植,但也十分担心曹植把这事办砸了,于是在临走之前对曹植千叮咛万嘱咐,还留了书信说:"我二十三岁时,因坚决维护首都治安,得罪了高干子弟,因此被贬到地方当县长,但是我为我的青春无怨无悔。你也二十三岁了,但愿你好好干,给自己一个无怨无悔的青春。"其实,曹植的任务本来没有多难,可曹操却如此挂心,可见他对曹植的看重和疼爱。

然而,这件简单的事情还是被曹植办砸了。

曹操刚率军离开,没了管束,终于自由的曹植立即找来朋友饮酒高歌。酒过三巡,曹植也忘了曹操曾经嘱咐不要喝醉的话,竟然一杯接着一杯毫不节制。曹植喝了个痛快,又想要出去走走,就坐着马车来到大街上。当时曹植已经是邺城内最高权力者,他坐着马车,心情十分畅快,一路横冲直撞,竟然冲到只有国家最高领导人行驶的道路——驰道,冲撞了只有国家最高领导人才能出入的大门——司马门。

曹操本来让曹植管理邺城,谁知曹植非但没当好领导人,还闹出了这么一件事,这让曹操大失所望。

随着曹植在曹操心目中失宠,曹丕的机会又到了。当曹丕知道曹操重新开始考虑自己做接班人以后,他再也没有松开这个机会,就这样,曹植把自己从太子之争中给淘汰了。

> **小提示**
>
> 曹操后来又曾将曹植封为征虏将军,催促他南下救樊城,还特地嘱咐过曹植不要喝酒,可曹植在临行前却碰上曹丕为他以酒送行,致使曹植醉酒误事。后来曹丕即位,而曹植在余生中,又多次被迁封,最后的封地在陈郡,故后人称之为"陈王"或"陈思王"。

位高权重的盗墓贼
——董卓的特殊癖好

那些位高权重、名扬一时的达官贵人,要是谁没点独特爱好,可能都不好意思说自己与众不同,可董卓的爱好着实特殊了一点——盗墓,想来也和他本身变态的个性有关。

可董卓盗墓并不是个人独盗。他既然有权有势,自然要为自己的爱好大开方便之门,所以他为了盗墓甚至组建专业的盗墓团队,也就没什么好令人惊讶的。

有了财力和人力,董卓的盗墓团队规模很快就扩大起来。在董卓领导盗墓团队期间,基本上西汉和东汉的王陵都被他打开过,可见董卓对盗墓事业有多专注了。

说到董卓盗墓,起因还得从他的小孙女生病说起。

公元184年,正当董卓事业扶摇直上的时候,他最疼爱的孙女董白突然患了怪病,一觉醒来,直接成了哑巴,无论看过多少医生,都对董白的病情束手无策,这下可急坏了董卓。董卓对聪明伶俐的孙女可谓疼爱万分,在董白十岁的时候就将她封为渭阳君,可眼前却没一个名医能医治董白。

就在大家万念俱灰的时候,突然有个姓李的御医对董卓说:"这个病并不是不能治,只不过是难以寻找药材。"

董卓一听还有希望,便询问什么药材能够医治他的孙女。

御医回答:"五毒灵芝草。"

这个五毒灵芝草原本就很少有人听过,而知道这个神药的医生却没人见过传

【奸臣董卓】

说中的五毒灵芝草。只知道此草通体皆白,生长在百年以上的古墓中,不能见光,见光即死,药效也会失灵。

董卓抱着一线希望,全力寻找这传说中的五毒灵芝草。最开始,董卓打起了汉武帝刘彻墓地的主意。刘彻被葬在茂陵,当董卓提出要挖刘彻的墓地时,著名文学家蔡邕急忙前去拦阻:"先帝的陵墓你也敢打主意!岂不是禽兽不如吗?"

董卓虽然一直为所欲为,可毕竟这种大不敬的事情也不好明目张胆地做,于是他起了一个念头——盗墓。

很快,董卓就组织好了盗墓团队,有了专业人士,又有董卓在朝廷做后盾,刘彻的墓地被打开已经是无可挽回的事了。

然而,茂陵被打开以后,并没有发现传说中的五毒灵芝草。不过皇陵中陪葬的金银珠宝却令董卓大开眼界,此时又恰好赶上董卓和黄巾军交战,军费开销十分巨大,眼见墓中的金银珠宝,董卓想着既然墓已经开了,索性不拿白不拿,于是真正开始了盗墓。

有了这第一次的盗墓经历,大笔金银财宝不费吹灰之力就成了董卓的私人财产,且还是汉武帝刘彻的陪葬品,这下可让董卓上瘾了。接下来,董卓又将目光投向汉室其他皇帝的墓地,终于,董卓盗墓演变到了一发不可收拾的地步。

每每挖开一座墓地,董卓都会大肆搜刮,当然他也没有忘记寻找五毒灵芝草。直到董卓打开汉高祖刘邦的长陵墓地那天,不仅挖出了大量的稀世珍宝,还让他找到了那传说中的五毒灵芝草。

小提示

据说,当董卓和随行的士兵看到长陵墓中的珍宝,个个目瞪口呆的时候,忽然吹过一阵阴风,随后墓中就陷入了黑暗。等到火把重新点燃,随行的盗墓高手时仁夫却莫名其妙地头疼起来,吓得时仁夫跑出了墓室。后来,在时仁夫身上竟然出现一卷黄绢,上面写着:"千里草,何青青,十日卜,不得生。"董卓担心日后会有报应,便命人将墓中宝物原物放回,重新封好了墓地。其实,这黄绢是蔡邕事先写好,让一个士兵趁机放到时仁夫的身上,这才保住了长陵。

东家奔，西家走
——吕布的选择恐惧症

说到三国里谁的武力最高，大家都会先想到吕布。可这吕布空有一身好本领，却没有一个能与其匹配的头脑，最后霸业未成身先死。

吕布一开始认并州刺史丁原做义父，丁原对吕布很不错，不仅任命他为骑都尉，而且对他十分欣赏。可后来出现了一个董卓。董卓看出吕布是一个本领不凡的人，加上董卓四处作恶，招惹了太多敌人，需要一个谁也不敢惹的保镖，于是董卓就有了将吕布招到自己身边的念头。

按说吕布和丁原的关系情同父子，董卓本来是没有机会的，可谁也没料到，董卓没有费太大的力气就把吕布从丁原身边挖来了。董卓用了一匹日行千里的赤兔马、一千两黄金、数十颗明珠和一条玉带，便令吕布动了心。而吕布为了脱离丁原，狠心将丁原杀害，并取其首级以示心意。

于是，董卓得到了吕布，吕布有了第二位义父。

此后，董卓更加飞扬跋扈，反正有吕布在他身边做贴身保镖，再也不用担心有人来寻仇了。

不过，吕布和董卓的关系既然是从利益开始，自然也难以长久维持，加上董卓仇家又多，出现离间董卓和吕布的事情只是早晚的问题。当王允的美人计成

【三国第一勇将吕布】

功施行以后，吕布再次背叛义父，董卓最终也自食其果，成了吕布的刀下亡魂。

吕布脱离了董卓之后，又辗转找到袁术。但他到底自恃过高，经常违背袁术的

命令,久而久之,袁术对吕布开始心生不满。此时的吕布早已经习惯了东家奔、西家走的人生。

既然袁术表现出不满,那么吕布干脆改投袁绍。

吕布在袁绍身边总算有了一点稳定。

这段时期,吕布经常与袁绍连手在常山会战张燕。当时吕布骑着一匹能够腾跃城墙、飞跨壕沟,名叫赤兔的良马,与手下猛将成廉、魏越等几十个人骑马冲击张燕的军阵,有时一天去三四次,每次都砍了黑山军的首级回来。连续作战十多天,终于打败了张燕的军队。吕布立下军功,再次显露出骄横的性格,直接要求袁绍为自己增加军队。袁绍当然不肯轻易答应,吕布一怒之下竟然转而没事找事地攻打、抢掠袁绍的军队。

这下可把袁绍激怒了。

吕布当然也知道自己有点过火了,这才感到不安,因此向袁绍请求回到洛阳。袁绍这时已经明白吕布不是可以任用的人,假意答应吕布的请求,暗中却命令亲信除掉吕布。好在吕布总算有点头脑,猜到了袁绍会对自己不利,这才躲过一劫。

吕布失去了袁绍这个庇护,又接连投靠过不同的人,然而吕布这种变化不定的性格早已被世人所知,即使他再勇猛也没人敢重用。

吕布选来选去,始终没能坚定地守住一个主子,这也注定了他日后被曹操所杀的结局。

小提示

在《三国演义》中,因吕布先后投靠过两位义父,因此被戏言为"三姓家奴",意在讽刺他反复无常,有奶便是娘。

不是梦中人
——杨修直言触曹操

所谓过犹不及，一个有才智的人把话说白了，就是聪明过头。人太聪明，凡事看得太透，尤其伴在君主左右，往往会因此招来杀身之祸。杨修正是典型的聪明反被聪明误，或者应当说，杨修是一个不懂为官之道的聪明人，把什么事都说透了，也就戳穿了曹操的把戏，这势必要惹来祸患。

杨修出身显赫，先天的基因加上后天的教育，想不聪明都难。可年轻人一旦有了头脑又不能通达世事，难免就会显露出年少气盛的狂妄。虽然杨修的家族深得曹操器重，也为杨修为官做了很好的铺垫，可杨修终归不懂伴君如伴虎的道理。读书人做官总是难以避免随心所欲的毛病，加上早期曹操对杨修也十分器重，这直接养成了杨修说话不过脑子的毛病。

一次，曹操收到了一盒从塞北送来的酥。曹操拿着精美的盒子，突然动心思想要考验一下大臣们的才智，就提笔在盒子上写了"一合酥"三个字，派侍从将盒子传递给大臣们。

大臣们眼巴巴地看着这个盒子，却不知曹操用意何在。正当文武众臣一筹莫展之际，杨修突然走出来，让宫人取出餐具，将酥分给众人品尝。大臣们端着分到自己手里的酥，你看看我，我看看你，没听到曹操发话，谁也不敢动口。

可杨修却说："这盒子上魏王不是写了让我们一人一口酥吗？"这下群臣才恍然大悟。

曹操虽然当面称赞杨修的机智，可心里对杨修却是一百个不满意。曹操说到底也是一代枭雄，被年轻的杨修戳破心中所想，他深不可测的形象岂不是一下子就降格了？从这之后，曹操开始厌恶杨修，但杨修到底有家世做后盾，曹操厌恶归厌恶，还是不能对他怎样。

然而，聪明的杨修此后却显得有点不够聪明了，一次直言以后，杨修非但不以为意，反而洋洋得意，变本加厉。

当时，曹操南征北战，虽然打了无数胜仗，可也结下了无数仇怨，这令生性多疑的曹操担忧自己会遭人暗算。

于是曹操对自己的侍从们说:"我有个毛病,会在梦中杀人,所以我睡觉的时候你们不要靠近我。"曹操交代完,就等着找机会演练一次。

一天夜里,曹操假装在睡觉时将被子踢落,侍从们见到想要上前帮曹操盖好被子,却想起曹操先前说过的话,害怕曹操梦中杀人,都打消了帮曹操盖被子的想法。有个曹操十分宠爱的小厮,看到曹操没盖被子,便想要帮他盖好。可当小厮刚走到曹操面前,曹操忽然跳起来拔剑,将小厮杀了,然后继续回到床上睡觉。

第二天,当曹操睡醒发现小厮的尸体就在自己的床边,假装惊讶地问其他人:"谁将我的近侍杀了?"众人如实禀告后,曹操痛哭不止,派人厚葬小厮。

曹操这场秀本来是做给众人看的,是为了防止自己将来梦中被害,可到了小厮出殡时,杨修却很不知趣地抚着棺材叹息道:"丞相非在梦中,君乃在梦中耳!"这话无疑挑明曹操是在做戏,故意杀了小厮。主子的意图被看穿也就算了,可杨修还要当众说出来,这显然是不给曹操面子,可以说,到此为止,杨修的死已经发展成了必然事件。

后来,曹操出兵攻打刘备,遇到马超据守久攻不下。曹操一方面想要退兵,一方面又害怕被蜀兵耻笑,就在两难之时,夏侯惇前来询问夜间口号,曹操看着碗中鸡汤里的鸡肋,有感而发,说道:"鸡肋。"

等到夏侯惇领了命令后回军传达,杨修却又跑来捣乱,竟然要士兵收拾行李准备回家。夏侯惇不明所以,杨修解释说:"魏王说鸡肋,由此可以看出,如今进攻蜀地就如鸡肋一样,吃起来没肉,丢了又可惜。在这里显然没有益处,魏王当然要尽早班师回朝。"夏侯惇恍然大悟,也跑去收拾行李了。

然而这时候的曹操可没有班师回朝的准备,他还在琢磨怎么攻打刘备呢,谁知突然听到士兵们都兴高采烈地嚷着要回去了。

曹操找来夏侯惇询问原因,等他知道是杨修以鸡肋分析作答,他对杨修已经到了忍无可忍的地步。

事已至此,杨修的死已成定局,几个月以后,杨修被以"漏泄言教,交关诸侯"的罪名杀了,终年四十五岁。

曹操以爱才闻名天下,他礼遇关羽,厚待徐庶,还放走将自己骂得狗血淋头的祢衡,如此胸怀博大的人为什么要杀掉杨修呢?

这其实是杨修自己送死。

曹操身为一个大集团的CEO,要的是大的面子,而杨修偏偏不止一次地让他没面子。曹操本想在手下面前露两手,变几个戏法,可是杨修却提前把谜底说了出来,这让曹操总觉得背后有一双揣测的眼睛盯着自己,甚是不爽。和领导人相处要仰视,不要平视,杨修则是俯视,这简直就是要命的小聪明。

曹操拼死拼活打天下，要的就是给子孙留一个丰厚的基业，所以接班人的问题成了重中之重。杨修不识时务地介入了曹操的家事，屡屡干扰曹操的视线，害得曹操权衡、审查、考验都化为泡影，他能不急吗？

曹操广纳人才，需要的是治国安邦的大才。清谈、耍小聪明为曹操所不齿，杨修就在此列。再者，杨修说话办事也没有真正从曹操的立场出发。端了老板的饭碗，不办老板喜欢的事，还随意暴露老板的隐私，不被杀掉才奇怪呢。

直到今日，很多人都会为杨修之死感到愤愤不平，惋惜杨修之才，痛恨曹操的残忍。其实，这还真冤枉了曹操。杨修是一个非常不知趣的人，既没有政治眼光，也没有政治谋略，更缺乏政治斗争的手段，除了炫耀自己的小聪明之外，于事无补。对于这样一个搅局者、添乱者，如果不及早除掉，早晚会惹出更大的麻烦。

小提示

杨修的祖先杨喜于汉高祖时期建功，因而被封为赤泉侯。其后，杨修高祖杨震、曾祖杨秉、祖杨赐、父杨彪可谓一门四杰，历任司空、司徒、太尉，均为三公之位。可以说，杨家是两汉时期历史最古老的名门世家，而杨修正是在这样声名显赫的环境中长大成人。

英雄篇　文治与武功的交响曲

不懂"医者父母心"
——被误会的华佗

提到三国,难免想到的都是英雄美人,然而在这个时期,还有一个人以独特的魅力留名在三国史上,他的名字叫华佗。

说起华佗,他年轻有为、游学四海的时候,已经靠着医学世家的背景在徐州城内打响了名号。华佗除了习得自己父亲传授的医学知识以外,又结合自己的理解改良医术,年纪轻轻却已经青出于蓝。

在诸侯割据混战的局面下,这么一个绝世名医,当然不会被急于笼络人才的各地军阀放过。奈何华佗除了对医学有兴趣以外,对做官没有任何想法。

于是,无论是太尉黄琬征召他做官,还是沛相陈珪举他当孝廉,都被华佗直接给拒绝了。

华佗的想法很简单,他只不过希望做一名普通的医生,用自己的医术来帮助病人解除痛苦。

然而人怕出名,医术高明的华佗更是如此。当他以医术名震四海的时候,恰好被曹操给看中了。

当时曹操已经被头风症困扰了好久,一听说华佗医术精湛,立即派人将他请了过来。

面对曹操顽固的头风症,华佗只扎了一针,曹操的头痛便立即止住了。

为了不让头风症复发,曹操就将华佗强行留在自己身边,希望他做自己的私人医生。

可是华佗不肯,他的医术是要医治众生的,怎么可能专门为曹操一个人服务呢?

【神医华佗】

华佗离开后,曹操经常写信要他回来,还派地方官去催。华佗当然不能直接拒绝曹操,于是推说妻子病得厉害,不肯回来。

华佗一再推辞,最终激得曹操大发雷霆,一怒之下命人将华佗抓回许昌。

华佗被押到许昌,虽然心里百般不愿,可是当他看到头风症再次发作的曹操,

61

也就顾不得其他了。毕竟医者父母心，华佗立即放下药箱为曹操诊治。过了很久，他对曹操说："丞相的病已经很严重，不是针灸可以奏效的了。我想还是给你服麻沸散，然后剖开头颅，施行手术，这样才能除去病根。"华佗本着医者的情操向曹操提出建议，可是开颅手术这种事毕竟从来都没听说过，加上之前曹操身边的一位太医，就曾趁着治病的机会想要谋害曹操，这件事成了曹操的心病。再者，曹操本身多疑，此时听说华佗要打开他的脑袋，坚持认为华佗想要谋害他。

就这样，华佗被曹操关进大牢，一代神医在狱中被杀害了。

小提示

华佗与董奉、张仲景并称为"建安三神医"。少时曾在外游学，行医足迹遍及安徽、河南、山东、江苏等地，钻研医术而不求仕途。他医术全面，尤其擅长外科，精于手术，并精通内、妇、儿、针灸各科。华佗首创用全身麻醉法施行外科手术，被后世尊之为"外科鼻祖"。

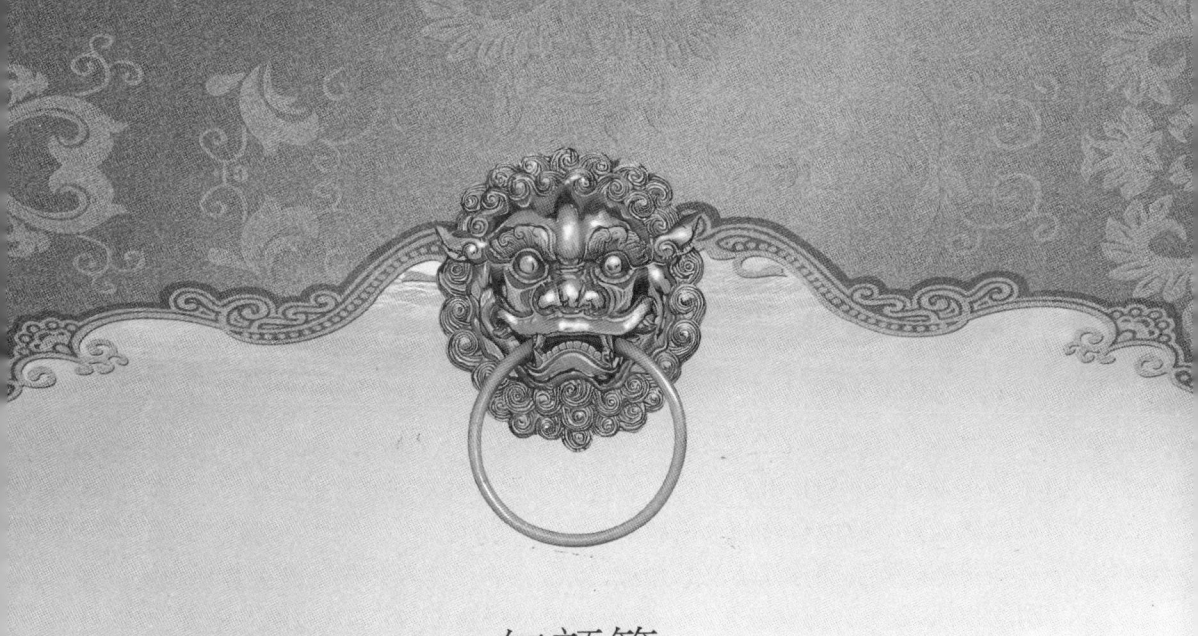

红颜篇
被乱世左右的儿女情长

夹在男人政治里的尤物
——貂蝉红颜薄命

当年董卓趁着朝廷里外戚势力和宦官势力打得不可开交的时候,捡了便宜,把后汉的朝廷差点改成自己的董氏朝廷。

虽然那时刘备和孙权还没有形成气候,可毕竟还有其他诸侯在各地独大。董卓树大招风,难免成为众矢之的。然而要想挑战董卓,得面对他的三十万大军,还要先战胜他的义子吕布。

不过,是人就有弱点,而董卓和吕布的弱点出奇的一致:好色。大司马王允便想到使用美人计,离间董卓父子,希望借吕布之手将董卓处死。

这样一来既可以瓦解董卓集团,又不必浪费自己的力量。

既然想出了美人计,那就需要一个美人参与其中。董卓和吕布对女色的偏好各不相同,所以这个美人除了一定要美以外,还得美得让人无法拒绝、念念不忘。

这时候,也该是貂蝉出场的时候了,恰好貂蝉就在王允的府中,这美人计的实施已万事俱备。

说到貂蝉,她不过是王允府中的一个歌女,可容貌却是倾国倾城。恐怕也正是因为貂蝉,王允才能想到美人计。可以说,貂蝉就是这美人计的本身,倘若没有她,也不会有后来吕布和董卓反目的故事。

这天,王允派人将一顶缀满明珠宝石的金冠送给了吕布。礼物价值连城,吕布自然要亲自登门道谢,才足以表达感激之情。而吕布从踏入王允府中那刻起,就已经陷入了王允为他准备的美人计。

吕布来访,王允自然要宴请招待。酒过三巡,王允便让府中的歌女貂蝉给吕布斟酒。

这貂蝉天姿国色,吕布自第一眼见到她就已经不能自拔了。

【貂蝉】

64

王允见此,趁机向吕布提议说:"将军,我是钦佩您的威名,才让貂蝉与您相见,如果将军不嫌弃,就让我做个媒人,将她许配给您,不知将军意下如何?"

此时的吕布早已被貂蝉迷得无法转移视线,而貂蝉自然也要对吕布露出含情脉脉的眼光。两人"情投意合",吕布就这样高高兴兴地离开了。

既然吕布已经迷上了貂蝉,王允就可以进行第二步计划了。

没过几日,王允将董卓请来自己府中做客,等到酒酣饭饱之时,貂蝉的歌舞出场了。

貂蝉一出场立即抓住了董卓的目光,等到貂蝉一曲歌舞完毕,董卓还不能把目光从貂蝉身上转移,于是王允伺机对董卓说:"太师,您觉得我把貂蝉送给您合适吗?"

董卓一听,自然心满意足,就这样,貂蝉直接被董卓带了回去。

等到貂蝉被董卓带回太师府后,吕布那边也得到消息,盛怒的吕布再次来到王允府上责问缘由。

王允对此早有心理准备,连说辞都已编好:"昨天太师来我这,说要将貂蝉接回府中与您成婚,将军您还不知道这个消息吗?赶快回府准备成亲吧!"

吕布一听,顿时怒气全消,满怀期待地回府等着娶貂蝉过门。可吕布等了整整一夜,也没见到貂蝉,第二天却听说董卓纳了新妾,正是貂蝉本人。

至此,吕布对董卓开始有了怨恨。貂蝉此后见到吕布的时候总是泪眼汪汪,表示自己不想嫁给董卓,希望吕布能够早日救自己脱离苦海。貂蝉每次诉苦,都如同刀子割在吕布的心上。

自古英雄难过美人关,吕布虽然万夫莫当,可在儿女私情上反倒柔情似水。

后来,貂蝉和吕布在凤仪亭私会,恰好被董卓迎面撞到。眼见义子占了自己宠妾的便宜,好色的董卓抢过吕布的画戟向他刺去。

从此,父子二人算是彻底因为貂蝉而决裂了。但这还远远不够,王允火上浇油,将吕布请到府中,对吕布说:"貂蝉本是一心一意想着与将军结为夫妻,但董卓从中作梗,才令你们有情人无法相守。将军跟随董卓多年,又为董卓立下赫赫战功,不想董卓竟然狠心想要杀死你。这样下去,恐怕将军不仅保不住美人,自身也有性命之忧啊!"

吕布虽然生董卓的气,但念在父子之恩还是有些犹豫,王允自然不给吕布心软的机会,又继续说:"董卓姓董,将军姓吕,本算不得什么父子。现今董卓又不念父子之情,抢了貂蝉又刺杀将军,将军还要继续为虎作伥吗?假使今天将军能够弃暗投明,日后必将得到皇帝重用,还可以和貂蝉永远在一起,这样不好吗?"

于是,在王允的挑拨下,吕布最后将董卓刺死了。

【董卓与吕布在凤仪亭反目】

历史上到底有没有貂蝉这个人呢？答案是否定的。

貂蝉其人其事，在正史中并无任何记载，而关于她的身世，主要有以下四种推测。

第一种推测认为，她是司徒王允府中的歌妓。

王允乃东汉太原祁县人，字子师。初仕时为郡吏，到灵帝时，升迁至豫州刺史，汉献帝登基后被任命为司徒。王允为了铲除奸贼董卓，就设下连环计，先是授意府中的歌妓貂蝉以美色挑逗吕布，接着又将其嫁给董卓为妾，挑起了二者之间的矛盾。最后，利用吕布杀了董卓。

相传，有一次貂蝉在花园里为王允祈祷拜月，正巧此时有一片彩云遮月。王允称赞道："貂蝉美色使月亮躲到云后面去了！"据此，貂蝉便有了"闭月"之容的说法。

第二种推测认为，貂蝉本是董卓的侍女。

董卓，字仲颖，东汉陇西临洮人，出身凉州豪强，汉灵帝年间，升任并州牧一职。何进令董卓率兵入洛阳平定宦官之乱，未曾想，董卓率兵进京之后废少帝，立献帝，专断朝政。各地诸侯起兵会盟反抗董卓，董卓挟持皇帝及文武百官西迁长安，自封为太师，后来被吕布所杀。《后汉书·吕布传》中记载：董卓封吕布为骑都尉，对其甚是宠信。后来，吕布与董卓的爱妾私通，被董卓撞见，吕布担心自己性命不保，由此暗生杀机。据此推断，貂蝉的原型可能是与吕布私通的董卓的婢女。

第三种推测认为，貂蝉原本就是吕布的妻子。

《三国志·吕布传》注引《英雄记》中记载：建安元年六月，一日半夜时分，吕布的部将郝萌谋反，率领军队围困吕布所在的下邳城。当夜一片混乱，吕布竟然分不

红颜篇　被乱世左右的儿女情长

清造反的究竟是谁，便"直牵妇，科头袒衣"跑到了自己的亲信高顺营中。有人推断，在这里出现的"科头袒衣"、完全不顾及自己形象的妇人，就是大美女貂蝉。

第四种推测认为，貂蝉应该是吕布部将秦宜禄的妻子。

《三国志·关云长传》注引《蜀记》有这样一段描写："曹公与刘备围布于下邳，云长启公：'布使秦宜禄行求救，乞娶其妻。'公许之。临破，又屡启于公，公疑其有异色，先遣迎看，因自留之。云长心不自安。"这段记载显示，吕布部将秦宜禄的妻子姿色非凡，令那位在《三国演义》中义薄云天的关羽垂涎不已。元朝人所编的杂剧《关公月下斩貂蝉》，就是根据此事改编创作而成。因此，秦宜禄的妻子便成了传说中的貂蝉。

不管这几种说法哪一个是正确的，貂蝉都未逃出最后悲惨的命运结局，不知红颜薄命究竟是人的不幸，还是时代的不幸？

小提示

"貂蝉"古语中是指古代达官贵人帽子上的装饰物，后又指达官贵人。但是在《三国演义》问世以后，貂蝉便成为家喻户晓的人物。

只怪洛神姿容俏
——甄宓与曹植的叔嫂情

说到曹植,想必大多数人都十分熟悉,他的七步诗"煮豆燃豆萁,豆在釜中泣。本是同根生,相煎何太急"流传至今。但说到甄宓,这个容貌不输貂蝉、才华不亚于二乔的美丽女子,知道的人却并没有那么多。

然而,正是这样一位并没有太多传奇色彩的女子,让当时无数英雄折腰,还引出了"曹氏三父子共争一妇"的历史传说。而这三人中最让人惋惜的就是曹植,他与甄宓之间引出一段令无数人感慨的叔嫂情,而那首《洛神赋》更是留给后世无尽的想象。

官渡之战,袁绍惨败,战乱之中,曹植在洛河神祠偶遇藏身于此的甄氏,也正是这第一次的相遇,让当时只有十二岁的少年曹植情窦初开。他赠白马并帮助甄氏逃回邺城,之后甄氏又回赠玉佩酬谢。

时隔不久,邺城即被曹氏父子攻破。

城破之后,曹丕当即跃马直奔袁氏府邸。

走到后堂,只见一个中年妇人,膝下一少妇嘤嘤啼哭,曹丕上前询问才知是袁熙妻子甄氏。对于甄氏的美貌,曹丕素有耳闻,只是眼见这位女子披头散发,面目肮脏,就俯身挽起少妇发髻,用手巾擦去她脸上灰土,才发现眼前少妇姿容绝伦,正所谓"粗头乱发不掩其天姿国色",曹丕一时心思恍惚,顿生爱慕。

随后而来的曹操看在眼里,知道儿子曹丕对甄氏动了情。而早和甄氏有过邂逅的曹植也对她念念不忘,只可惜年幼,旁人并不知情。

曹丕捷足先登,对曹操说:"儿一生别无他求,只求此人在侧。望父王念儿虽壮年而无人相伴,予以成全!"话说到这个份上,曹操也不好拒绝,就派人做媒完成婚事。

时袁绍虽灭,但周边战事繁多,曹操和曹丕为消灭群雄平定北方而奔波,只有年纪尚幼的曹植整日陪在这位多情多才的美丽妇人身边。又因为洛河白马玉佩的情谊,两人虽然年纪相差甚大,但整日耳鬓厮磨,了无嫌猜。多才的曹植向甄氏表现出情意时,甄氏也由原先母性的怜爱渐渐转变成情人的爱意,慢慢沉醉在曹植的

【《洛神赋图》中洛神的原型甄氏】

浓情蜜意之中。

  曹植的出现，也在一定程度上满足了甄氏对爱情的渴望，成为她一生中最快乐的时光。

  可这样的好时光并没有持续太久，曹丕篡汉建魏之后，立郭氏为贵嫔，郭氏为夺皇后地位，多方进谗言。而曹丕本来对于曹植和甄氏的复杂关系难以释怀，因此将甄氏留在邺城。久居邺城的甄氏愈发失意，屡有怨言。黄初二年六月，曹丕遂派使者到邺城将甄氏赐死，中途后悔又派人追回使者，可惜已经晚了，等到消息传来，甄氏已经香消玉殒。

  甄氏死后，有一次曹植入宫，曹丕便将甄氏使用过的一个盘金镶玉枕头赐给他。曹植睹物思人，心中愁绪万千，回归途中经过洛水，当时的洛水被月光笼罩，曹植躺在舟中，恍惚之间，看到甄氏凌波而来，一边走一边倾诉心曲。曹植醒来发现不过是一场梦，但此时心中的感伤情绪涌现出来，回到邺城写出《感甄赋》。

  后来，曹睿继位，觉得名字有违纲常，才将题目改了，也就是后来一直流传至今的《洛神赋》，甄氏因而有甄洛的称呼。

  然而，对于曹植为嫂子写《洛神赋》这一爱情传说，历来存在很多争议，主要分为以下几种观点：

  第一，曹植与他的嫂子年龄差距有十几岁，两人产生情愫的可能性很小。曹植即使真的爱上他的嫂子，在与曹丕的政治斗争中关系极其紧张的情况下，也不可能去为嫂子写一首《感甄赋》。而曹丕将自己妻子的枕头送给弟弟一事，更是经不起推敲。

第二,曹植所写的《感甄赋》,其中"甄"通"鄄",指的是曹植的封地鄄城。

第三,《洛神赋》一文,是"托词宓妃以寄心文帝","其亦屈子之志也","纯是爱君恋阙之词",就是说赋中所言的"长寄心于君王"。然而后人根据曹植的生平为人,以及与曹丕之间的关系推测,狂放不羁的曹植不可能用一首如此煽情的词赋去讨好曹丕。所谓"寄心文帝",多是后世逢迎帝王的御用文人们无聊的推测。

曹植与甄宓之间的凄美爱情是否真实存在过,在今人看来已经不重要了,更多人愿意去相信这个感人的故事是真实的。

小提示

在《三国志》里,有个地名"鄄城",到了范晔写《后汉书》的时候,才写成"邺城"。甄妃触怒曹丕失宠那年,曹植莫名其妙地写了一篇《出妇赋》,后来甄妃去世,曹植又写出了《感甄赋》,直到曹丕与甄妃的儿子曹睿即位之后,才下诏改《感甄赋》为《洛神赋》。

遥想公瑾雄姿英发
——小乔相思成疾

周瑜是一个完美的男人,相貌堂堂,智计无双,加上豪气干云的性格,通晓音律、深情款款的识解风情,这样的青年才俊不就是无数女子心目中那踏着七彩祥云的盖世英雄吗?可惜完美男神名草有主,这个"主"就是国色天香的女神小乔。

孙策纳大乔、周瑜娶小乔这件风流韵事,一直被人们津津乐道。

孙策和周瑜两人年岁相当,又特别合得来,周瑜还曾把房子让给孙策住,两家又是通家之好,所以两人基本算是兄弟了。

有一次,周瑜去丹杨探望在当地为官的父亲,恰巧孙策东渡。孙策写信告知周瑜,周瑜当即带着兵去迎接孙策。

孙策见到周瑜后高兴地说:"有你相助,一定会成功!"随后,拉着周瑜和他的兵马去打仗,攻下数座城池,聚集了几万兵马,然后对周瑜说:"我带着这几万兵马已经够用了,你回去吧。"周瑜二话没说就回去了。

一起上战场,后来还一起娶了姐妹花,两人情谊之深可见一斑。

当时,孙策和周瑜一路打向荆州,见到了乔公家两个貌美如花的女儿大、小乔,孙策自己纳了大乔,周瑜就娶了小乔。于是,一个俊朗爱笑、能征善战的江东小霸王,一个雅量高致、精通音律的美周郎,一起纳了"乔公二女秀所钟,秋水并蒂开芙蓉"的姐妹花,既是兄弟,又成连襟,一起谱就了英雄美人的佳话。

可惜孙策命不长,两年后就被刺杀,大乔只能带着尚在襁褓的儿子孙绍凄惶度日。周瑜带着兵马远赴吴地奔丧,并在吴地驻扎下来。

后来,曹操打下荆州,得了水师步兵十万,八方惊恐:曹操这老匹夫得了那么大的助力,肯定要拉出来试刀了。

孙权急召群臣商议,群臣纷纷唱衰:本来曹贼就打着天子的旗号到处扩充势力范围,以前还能用长江的天险挡一挡,现在他得了水军,天时地利人和,形势不妙,不如从了他吧!

这时,周瑜站了出来,先是将孙权捧了一番:"您可是世家之后,实力也有,才干也有,不战而降岂不丢人?再说曹操自己内忧外患,又跑到我们的地盘来和我们水上决战，而且冬日粮草匮乏，我们如今以逸待劳，曹操完全是跑上门来送死，为什么还要打开门迎接他？您给我三万精兵，我一定为您打退曹操！"

这番话分析得鞭辟入里，孙权当即表态："你的话正合我意，就这么办吧！"于是有了后世奉为经典的兵家典型战例——赤壁之战。周瑜领着三万兵马，在黄盖的献计下，火烧连营，杀退曹操的十万大军，一时风头无两。

当时小乔一直陪在周瑜身边，她目睹了丈夫指点江山的意气风发，见证了他上阵杀敌的雄姿。在外，他是儒雅善战的名将；在内，他是自己温柔的周郎。小乔的幸福感可想而知。再想到姐姐大乔早年丧夫，独自抚养儿子长大，小乔的幸福感肯定加倍。

周瑜一生总共有三个孩子，可见后院清静，以周瑜的身份地位，这在当时的年代是难能可贵的，所以小乔无疑是幸运的，哪怕周瑜出征打仗，她都能时时陪伴在身边。她为周瑜诞下了两男一女，一直和他琴瑟和谐地过了十二年。

但慧极必伤，情深不寿，完美如天神的周瑜在他三十六岁那年病死于征战途中。爱有多销魂，就有多伤人，小乔的伤心悲痛不难想象，昔日种种甜蜜都成了斯人已逝的悲痛之源。

从天堂跌落地狱的小乔从此相思成疾，为周瑜守墓十四载，最终因病去世。盖世英雄和美貌天仙伉俪情深的童话也最终落幕。

小提示

陈寿《三国志》对小乔着墨不多，周瑜和小乔的故事能够广为流传，还是因为罗贯中在《三国演义》中对铜雀台故事的渲染与编排。其实《三国志》中并没有这样一段历史。"东风不与周郎便，铜雀春深锁二乔"的典故，是《三国演义》中诸葛亮为刺激周瑜与蜀结盟，而用《铜雀台赋》的"揽二乔于东南兮，乐朝夕之与共"穿凿附会的，因为汉代桥、乔本为两姓，二乔姓桥而非乔，后世桥姓的桥被简化为乔。此外，《三国演义》中周瑜气量狭小的故事，以及"既生瑜，何生亮"的感慨，并未见诸《三国志》。陈寿笔下的周瑜是"曲有误，周郎顾"的翩翩公子，是连与其不睦的程普都赞叹"与周公瑾交，若饮醇醪，不觉自醉"的温润郎君。

当萝莉遇见了中年大叔
——孙尚香的政治婚姻

孙尚香其实并不叫孙尚香,即使把史料翻烂了,我们也只能知道孙尚香是一位孙夫人。当然,她的确是孙权的妹妹,也的确为了联姻嫁给刘备,只不过在后来民间的流传中,这位孙夫人被唤为孙尚香。

说到孙权将妹妹嫁给刘备做夫人,还是赤壁大战结束后的事情,因而电影《赤壁》中本不应该有太多孙尚香的戏码。

赤壁之战以后,虽然刘备和孙权联合取得了胜利,可从实质意义上来说,孙权才是最大受益人。于是乎,为了更加稳定自己的势力,也为了避免曹操日后再次率军卷土重来,孙权想到透过政治联姻来稳定和刘备的关系,以便共同抗曹。

刘备对孙权的意图心知肚明,而此时刘备的年龄也很大了,在这桩政治联姻里孙权自然不能把自己的女儿送给刘备。这时候,孙权身边只剩下一位亲近的女性符合条件,正是妹妹孙尚香。

其实,孙尚香下嫁刘备时也不过十九岁,正是风华正茂的年纪。可是刘备此时已是年近半百、数婚再娶的半个"糟老头"。难得孙尚香除了姿容艳丽以外还具备才华和气度,所以当她知道孙权想透过自己完成和刘备的联姻时,并没有一哭二闹三上吊,反而很配合孙权的大计。

但孙尚香嫁给刘备,可以说是完全迫于无奈,是一桩毫无爱情可言的婚姻,并非小说演义中说的"美人爱英雄"那么浪漫。虽然甘愿嫁给刘备,可孙尚香对刘备心底的不信任,还是令她充满防备,这也造成孙尚香带了很多侍婢陪嫁。这些侍婢可不是单单为了服侍孙尚香的,还兼有保镖的职责。侍婢们站在孙尚香的身侧都是带刀侍立,使得刘备每次去孙尚香闺房的时候,都感到如临大敌。

这种极不和谐的婚姻关系维持到第二年,孙尚香终于得以解脱了。

这年,刘备亲率大军西进益州,夫妻二人自此便天各一方,永不相见。

既然刘备已经要出兵了,孙权当然要考虑到这位亲妹妹,于是便派了舟船来接孙尚香回江东。不仅如此,他还让孙尚香将年仅四岁的阿斗带回东吴,其目的自然是将刘备的宝贝儿子当人质。虽然后来张飞和赵云夺回了阿斗,可也彻底将孙尚香和刘备之间最后一点关系给断绝了。

从此以后,孙、刘的联姻成了不堪回首的往事。而孙尚香重新回到东吴之后,心境已经改变,年纪轻轻的她自此过着"寡居"的生活。

在此后的岁月中,孙尚香到底过得如何就再也没人知晓了。

> **小提示**
>
> 孙尚香虽贵为破虏将军孙坚之女、吴大帝孙权之妹、蜀先主刘备之妻,但在东吴人眼里,她始终是敌方元首刘备的夫人;在蜀汉人心中,她里通东吴,有劫持人质之嫌。民间盛传其在刘备兵败身亡后,投江而死,九江、芜湖、南京、镇江等地均有孙夫人投江遗迹的传说,还有为其建的不少祠庙,或称枭姬娘娘,或称灵泽夫人。

羞答答的情谊静悄悄地开
——杜氏到底有多美

三国里的女人,有凭智慧拔得头筹的,有以计谋成功上位的,当然还有仅仅凭借那绝世红颜而引得两位英雄豪杰争风吃醋的。

她是谁?此女姓杜,人称杜夫人。

历史上对杜夫人的记载不多,只说她原来的丈夫是秦谊禄,后来曹操贪恋其美色,收了她做妾室。所谓妾室就是小老婆,可见曹操真是艳福不浅。不仅如此,杜氏还为曹操生了两个儿子和一个女儿,分别是曹林、曹衮还有金乡。

那么,为杜夫人争风吃醋的两个英雄是谁呢?

一个是她后来的老公——曹操,另一个就是她想叫老公却没有叫成的人——关羽。

想当初,曹操为了拉拢关羽,可是送了几十个绝色美女给他,他都没看上,大家可以想见杜夫人到底有多吸引人了。

关于这件事,见于《三国志·魏书·明帝纪》。

话说杜夫人的前夫秦宜禄,是吕布手下的一名猛将。当初,曹操和刘备一起合谋抢吕布地盘的时候,吕布就派秦宜禄向袁术求救。袁术这个人,没有便宜的事情是不会帮忙的,所以一定会落井下石。

三国的小人都这样,其实反过来想想,袁术也不是彻底的小人,在诸侯争斗中,吃掉一个少一个,而袁术也只是扣下了秦宜禄,逼他再娶个老婆。

可怜的男人,家有娇妻回不得。

但即使王子不在身边,美丽的女人还是会有很多骑士来保护的,这时关羽出现了。他对曹操说:"我可以为你打江山,只要下邳收复后,你把杜氏给我就行了。"曹操开始也没多想,毕竟当初他为了招降关羽,可是银子也花了,美女也送了,自己就差给关羽跪下,也没见关二爷许诺什么,今天居然主动找自己要女人,曹操想都没想就答应了。

可关羽知道曹操生性多疑,所以在收复下邳后,关羽又提出这个要求。这时曹操就开始怀疑了:"能让关羽如此动心,这杜氏想必不一般。"他向来好色,就亲自去见这位美人。一见不得了,居然忘记了对关羽的承诺,把杜夫人纳做自己的妾室。最终逼得关羽以找到"哥哥"为由,硬生生地离开了曹操。

仅仅凭借美色能在三国留下一小段历史的女人,恐怕也只有杜夫人了。

小提示

　　杜夫人的前夫秦宜禄,在吕布被曹操俘虏处死之后,毫无原则地投降了曹操,并且当了一个地方官。

　　又过了一年,张飞对秦宜禄说:"曹操把你的老婆都霸占了,你怎么能还给他当官呢!赶快跟我走吧,我们一起去打曹操,抢回银子和女人!"

　　秦宜禄被一番鼓动,跟着张飞一起走了。可是走了没多远,又忽然反悔,想逃回去。

　　张飞见状,就把他给杀掉了。

寡妇也有春天
——吴氏终成皇后

说刘备命里"克妻"可不是戏言,很多史料都曾记载刘备早在纳甘夫人之前就曾"数丧嫡室"。

不过,"克妻"的刘备最终还是被一个女人给打败了。

这个了不起的女人正是刘备的最后一位夫人——穆皇后吴氏。

吴氏嫁给刘备的时候已经是一名寡妇了,而在吴氏变成寡妇之前,她的人生更加坎坷。

吴氏的父亲很早就过世,吴氏和哥哥只能依靠父亲旧交刘焉的关系,到益州生活。

不过来到益州以后,吴氏却变得很有名气,原因很简单,因为有个算卦的曾经预言吴氏贵不可言,俗称就是"旺夫"。

吴氏命好的消息很快被刘焉知道了,野心很大的刘焉心想,吴氏既然"旺夫",那就肥水不流外人田,一定要让刘家兴旺发达才行。可刘焉又不好意思直接把吴氏娶过来,就把吴氏嫁给了自己的儿子刘瑁。

刘焉的算盘打得很精明,可他没想到的是儿子刚娶吴氏没多久就病死了。刘瑁一死,吴氏成了寡妇,大富大贵自然也就和刘焉失之交臂。

命运往往都喜欢捉弄人,刘焉的美梦破灭了,可吴氏的人生却刚刚开始。

公元214年,荆州牧刘备打败了益州牧刘璋,成为新任蜀王,此时刘备的老婆孙尚香重新回到江东,他又恢复了单身汉身份。

眼看着自己一朵花才开,不能守着一个死人过一辈子,吴氏就把目光盯上了大名鼎鼎的刘备。

她花钱买通刘备手底下的人,打听到刘备的近况,传回来的消息是:刘备平定了益州,虽然事业顺利,但婚姻失和,跟随他的孙夫人回到了江东。

这正是吴氏要的机会,她又买通了刘备手下的人,安排刘备与她的邂逅。

刘备看见吴氏时,春心也荡漾了。

身边的人看见主子很喜欢吴氏,就说:"吴氏不仅聪明漂亮,而且贤良温婉,既

77

然孙夫人离开了您,您为何不娶她做夫人呢?并且吴氏有旺夫命,她又是前益州牧刘焉的儿媳妇,有利于收拢益州民心。"

听了手下的话,刘备很开心,但也有顾虑,吴氏之前毕竟是刘瑁的妻子,他与刘瑁也算是同族关系,虽说刘瑁已死,可娶了他的老婆,成何体统?刘备犹豫再三,迟迟下不了决心。

吴氏也很着急,托人再三打听之后,才明白了刘备不肯娶她的真正原因。她莞尔一笑,请到法正,给法正讲了晋文公和子圉的故事。

第二天,法正如法炮制地把这个故事讲给了刘备听,然后劝说刘备:"论到亲族关系,比起晋文公和子圉又如何呢?"此时,刘备终于下定决心,娶了吴氏为妻。

吴氏嫁给刘备以后,虽然没有生育,但她在蜀汉的地位却从没有因此动摇过,加上吴氏的两位哥哥也都随吴氏归顺刘备,成为蜀汉的将军,这更加稳固了吴氏的地位。

后来,刘备建立蜀国,吴氏自然而然地被封为皇后。

小提示

春秋时,晋公子重耳流亡到秦国,秦穆公将自己的女儿、原为太子圉的妻子怀嬴嫁给了重耳。怀嬴是后世史家为她起的名字,《史记》没有提名字,只称她为"故子圉妻"。

这对重耳来说,是件十分为难的事。

晋惠公夷吾是他的弟弟,晋太子圉是他的侄儿,所以怀嬴是他的侄媳妇,这是一个确定不移的事实,还有,秦穆公夫人是他的姐姐,因而怀嬴在辈分上比他晚一辈;总之,怎么算下来,辈分都不对。

但是为了政治目的,最后还是结下了"秦晋之好"。

后宫里的情色战争
——郭女王盛宠难争

后宫的争斗虽然不是三国故事里面的主旋律,但是一个女人的发展,不仅仅代表她自己,更往往象征着她的家族和她背后的男人。所以男人们在战场上激烈斗争之时,他们身后的女人也在激烈较劲。

郭女王出生在安平广宗,从现在的地图来看,是在河北省邢台市广宗县,祖上世代为官。她的父亲郭永在东汉末年担任南郡太守,按照现在的说法,她至少也是省长级别的女儿了。

据史书记载,这位郭女王从小言谈举止与众不同,正所谓特立独行,不走寻常路,她老爸还预言:"这女孩天生就是做女中之王的料。"之后便在闺名之外,为她取字为"女王"。

三岁看小七岁看老,真是知女莫若父,她老爸还真说对了。

建安十八年五月,曹操被汉献帝晋封为魏王。郭女王当时二十九岁,被曹丕看中,成了曹丕的妾室。按照现在的标准,那就是小三,很少有小三可以成功打败正牌妻子,上位成功的,何况曹丕是未来的帝王,所以更是困难重重。

一般女子遇到这等挑战,怕是早就逃跑了,男人多得很,为什么非要选择曹丕。但高傲到不可一世的郭女王,怎么可能轻易被困难吓倒。为了让曹丕更加爱她,她没事做的时候就去帮曹丕处理政事,还时常向曹丕献计献策,很多的计策都被采纳了。之后,郭女王帮助曹丕顺利继承王位,并进一步当上了皇帝,这样一来,曹丕更加信任她了。

曹丕即位的时候,郭女王都已经三十八岁,几乎不可能再生育了。不过不要紧,最关键的还是曹丕宠爱自己。只要有了曹丕的信任,过继一个别的妃嫔的孩子就好了。

她借力使力,利用曹丕和卞夫人与甄宓的矛盾,渐渐夺走曹丕对甄宓的宠爱。

公元222年,曹丕执意要立郭女王为皇后。为此,很多大臣都反对,但曹丕还是坚持己意。不过还好,郭女王也没有让曹丕失望,被立为皇后之后更加谦恭,对婆婆也是关怀备至,孝名远播。

不仅如此，有一次，后宫一个嫔妃因为一些小事得罪了大臣，郭皇后知道后并没有责罚，而是耐心教导。甚至有一次传到了曹丕的耳中，曹丕很是愤怒，一定要责罚这位嫔妃，最后是郭皇后不停地为那位嫔妃求情和带头"顶罪"，才将此事压了下来。从此六宫之中再没有嫔妃对她有任何怨言。

> **小提示**
>
> 《魏书》曾讲郭女王："性俭约，不好音乐，常慕汉明德马后之为人。"起初，曹丕不喜甄宓所生的曹叡，而有意立徐姬之子京兆王曹礼为太子，直到病终前一日，才诏立平原王曹叡为嗣。及至曹叡继位，尊郭女王为皇太后，称永安宫太后。

大难临头夫君逃
——甘夫人长坂坡受难

俗话说，每一个成功男人的背后都有一个默默付出的女人。今天我们就来说说刘备背后的女人——甘夫人。

甘夫人，在《夔州府志》中其名为甘梅，生卒年不详，沛国人，三国时期蜀汉昭烈帝刘备的夫人，蜀汉后主刘禅的生母。

据《拾遗记》记载，甘夫人出身贫寒，幼时村里会看相的人看了她的面相后说："这个小女孩长大后必定身份尊贵，可以尊贵到住进皇宫里。"后来果然被看相人言中，这个女人就是"昭烈皇后"。

但就是这样一个尊贵的女人，背后也有一段伤心事。

甘夫人嫁给刘备为妾时，正值建安十三年（公元208年）曹操率领军队南下讨伐荆州牧刘表。天有不测风云，人有旦夕祸福，在这关键的时刻刘表死去。刘表的次子刘琮接任荆州牧，此人胆小如鼠，偷偷派遣使节向曹操表达求和之意，也就是投降。

当时刘备驻军在樊城，曹操也是用兵高手，突然发动了袭击。等曹军攻打到宛城的时候，刘备才从将领处得知了这个消息。刘备虽然势力逐渐扩大，但还不足以与曹操的几十万大军抗衡。留得青山在，不怕没柴烧，刘备只好率领军马撤出了

【当阳附近的长坂坡之战】

樊城。

中途经过当阳时,刘备率军驻扎景山之下。这时,曹军突然袭来,刘备手下的士兵大败,一个个四处逃窜。在生死存亡的关头,刘备竟然丢下了老婆和孩子,自己跑了。可见在刘备心目中,果然还是江山大于美人。

他这一丢不要紧,却苦了我们这位美若天仙的甘夫人,不过美人自然还是有骑士保护的,这就是赵云。

赵云护主心切,单枪匹马寻找甘夫人,在寻找的途中刺落夏侯恩,整整七次冲入重围。

后来一名百姓告诉他,甘夫人就在前面,赵云赶过去,看见甘夫人身上有多处刀伤,不能行走。

甘夫人看见赵云,却没有看见刘备,她心碎不已,想丈夫可能凶多吉少。

"在天愿作比翼鸟,在地愿为连理枝,我未能与你同生,就与你同死吧!"说完,她就晕了过去。

也许是上天眷恋红颜,也许是她命不该绝,总之甘夫人没死成,之后赵云重新上马,拼死厮杀,最终还是把甘夫人和阿斗救了出来。

小提示

甘夫人虽是刘备小妾,但一直以来都被作为正房看待,而甘夫人本人在刘备阵营里,帮刘备处理许多内事。甘夫人死后,在诸葛亮的建议下,先后被追谥为"皇思夫人"和"昭烈皇后"。

青史难留名
——糜夫人患难相助

刘备身边的众多女人中,有一位女人也许是最悲惨的,她虽不是最先跟了刘备,却是最先离开了刘备。她的一生颠沛流离,很早就死去。下面就来说说这位容貌不详、能力不详、结局不详的伟大女性——糜夫人。

糜夫人,三国时期蜀汉大臣糜竺的亲妹妹。

关于刘备和糜夫人的相遇,比起刘备的其他夫人,糜夫人对刘备的情意应该是最难得的。

建安元年,也就是公元196年,刘备率大军袭击下邳。正当两军交战,胜负难分的时候,忽然传来吕布把刘备的老婆孩子劫走的消息。

原来,吕布得知刘备出征,没时间顾及家眷,便偷偷把刘备的妻子俘虏了。可见,吕布果然是小人作风,乘人之危,卑鄙到了一定的境界。

刘备后方阵营出了意外,老婆孩子被抓,他也没心情作战了。情绪一消极,难免指挥失误,本来是要攻打袁术,结果反而被袁术占了上风。

刘备想来想去,觉得不能继续在前线纠缠了,应该先去把老婆孩子救回来,于是转而率军驻扎在广陵和海西。

俗话说"祸不单行",刘备这次也是倒霉到底了,不仅作战失利,老婆孩子被抓,就连军队的粮草也没有了。没有粮草,战士们如何打仗?

正在刘备着急之时,也不晓得他踩到了什么狗屎运,碰上当地一个富豪。这人即是徐州的大商糜竺。糜竺有多少钱是很难算得清了,反正就是很有钱,他知道了刘备的困难以后,当即大力资助,不仅在财力上倾囊,还附带把自己的妹妹送给刘备当老婆,也就是后来的糜夫人。而糜竺自己也不做富豪了,他跟着刘备披着盔甲打天下。

有了糜氏兄妹的帮助,刘备这才化险为夷,度过了这次危机。

但奇怪的是,此后糜夫人便下落不明,《三国志》也未给其立传。

英雄做媒人
——蔡文姬与蓝颜知己曹操

蔡文姬是中国历史上第一位有文献资料记载的"海外归人",出场费是白璧一双,黄金千两。

十六岁时,蔡文姬嫁给了才子卫仲道。可惜不到一年,卫仲道便因咯血而死。

卫家认为蔡文姬命硬,克死了丈夫,便对其百般责难。心高气傲的蔡文姬哪里受得了这种白眼,不顾父亲的反对愤而回家。

在当时,时局混乱,西北军阀董卓趁机独揽朝纲,为了维护统治,他刻意笼络名满京华的蔡邕,将他一日连升三级,拜中郎将,封高阳侯。

后来董卓被吕布所杀,蔡邕也被收付廷尉治罪。蔡邕请求黥首刖足,以完成《汉史》,但终不免一死。

父亲一死,蔡文姬失去了依靠,没钱度日,只好四处漂泊。

此时中原大乱,胡人骑兵经常前来烧杀抢劫一番,蔡文姬飘来荡去,流落到南匈奴,这一年她二十三岁。

也算是不幸之中的万幸,虽然流落到异邦,可她遇到了一个好男人——匈奴左贤王。

蔡文姬开始了第二段婚姻,虽然左贤王对她十分敬爱,并且生了两个可爱的儿子,但她仍然想念故土。

【文姬归汉图】

十二年后,曹操当上了丞相,得知自己老师蔡邕的女儿流落在匈奴,就派使者携带黄金千两,白璧一双,想把蔡文姬赎回来。

面对恩爱有加的左贤王和两个天真无邪的儿子,蔡文姬柔肠寸断,泪如雨下,在汉使的催促下,恋恋不舍地踏上回乡之路。

看着蔡文姬孤苦伶仃,曹操好事做到底,主动为蔡文姬和董祀牵起红线。

起初,二人的夫妻生活并不十分和谐。就蔡文姬而言,饱经离乱忧伤,再加上思念胡地的两个儿子,时常神思恍惚;而董祀是一位自视甚高的人,迫于丞相的压力,才勉为其难接纳了她。

就在婚后的第二年,董祀犯罪当死,蔡文姬顾不得嫌隙,蓬首跣足地来到曹操的丞相府求情。

当时大臣、名士以及从远方外国来的使者都坐在殿里。

曹操对他们说:"蔡伯喈的女儿就在门外,今天我请诸位见一见。"蔡文姬进来的时候,头发凌乱,光脚走路,向曹操磕头请罪。她说话条理清晰,话音非常酸楚哀痛,众人都被她感动了。曹操说:"就算真的像你说的那么可怜,但是降罪的文书已经发下去,怎么办呢?"蔡文姬说:"明公您马厩里的好马成千上万,勇猛的士卒不可胜数,还吝惜一匹快马来拯救一条垂死的生命吗?"曹操被她的话感动,就派人追回文书,赦免了董祀的罪。

经过这件事,董祀感念妻子的恩德,在感情上有了一百八十度的大转弯,开始对蔡文姬爱护有加。

后来二人看透了世事,溯洛水而上,居在风景秀丽、林木繁茂的山麓。

这期间,蔡文姬还成功地整理了父亲遗散的部分卷书,把她记住的几百篇文章都默写下来,为中国文学史挽回了一大损失。

小提示

蔡文姬回到中原后,饱受骨肉分离之苦的她在满腔悲怀下写成中国文学史上的绝世之作——《胡笳十八拍》。这首诗之所以称为"十八拍",是因为一共分成了十八个小段,每个小段为一拍,故此得名。

《胡笳十八拍》在汉乐府诗中的地位就相当于《念奴娇·赤壁怀古》在宋词中的地位。蔡文姬采用文学手法,讲述了自己如何从汉地被俘到匈奴,在匈奴如何生活,最后又是怎样重新回到汉地的。

曹操也会被"吐槽"
——丁夫人与曹操的结发之情

都说英雄难过美人关,更何况是曹操打了胜仗、夺了城的时候。此时曹操是胜者,想要女人轻而易举。可曹操却不巧碰上了张绣守新寡的婶婶,本来张绣的婶婶碰上了曹操挺开心,可张绣不愿意,一怒之下发动叛乱,曹操的大儿子曹昂和猛将典韦因此送了性命。

曹昂本来是曹操一手培养的准接班人,可是在关键时刻曹昂却把自己的马让给了父亲,这无疑是等于把活命的机会给了曹操。儿子曹昂死后,曹操自责难过,可比曹操更难过的是曹昂的母亲——丁夫人。

丁夫人不仅是曹操最宠爱的女人,还是曹操的原配夫人。曹昂虽然不是丁夫人生的,但自幼是由丁夫人带大的,母子二人感情深厚。

曹昂的死,在丁夫人看来完全是曹操好色所导致,这也就造成丁夫人将一腔怨恨转移到了曹操身上。

于是,丁夫人化身为鲁迅笔下的"祥林嫂",只要见到曹操就指责他害死了自己的儿子,然后把曹操种种不是细数一通。开始的时候,曹操对丁夫人还很自责内疚,可时间久了也就渐渐烦了。毕竟曹操处在一人之下万人之上的地位,平时只有他骂别人的份,哪里有人敢对自己碎碎念。可丁夫人非但敢数落曹操,还数落个没完没了。终于有一天,曹操受不了了,不过他对丁夫人还是有很深的感情,即便是难以忍受也没有对丁夫人凶半句,只是命人将丁夫人送回娘家。

其实,曹操原本是希望等丁夫人平静一点再接她回来,可是在气头上难免把话说重了点,这也就成了这对结发夫妻之间的心结。

从这以后,丁夫人和曹操僵持不下。过了一段时间,曹操内疚不已,亲自赶到岳丈家准备接丁夫人回去。他看见丁夫人正在织布,便走到她身后,抚摸着她的背说:"夫人,跟我一起坐车回去吧!"谁想丁夫人看也不看曹操,也不说一句话,这可让曹操伤透了心。过了好久,曹操无奈地走到门外,可还是不死心地隔着窗户问丁夫人:"真没有复合的希望吗?"丁夫人依然不回应。

曹操被丁夫人拒绝以后,心里仍然有丁夫人,他天天派人来求丁夫人回去,但

一次次遭到拒绝,终于让曹操明白了丁夫人的决心。既然丁夫人不肯和自己复合,曹操还是要考虑丁夫人的幸福,于是,曹操写了封信给丁夫人,大致意思就是既然丁夫人不愿意和自己过了,那么她想改嫁也可以。

曹操能做到如此其实已经很不容易了,以曹操当时的身份,能对一个女人这般委曲求全,可见丁夫人在曹操心里的重要性。而这丁夫人仍然选择拒绝曹操,她就这样既不和曹操复合,也不改嫁,只是守在家中织布度日。

后来,曹操又娶了卞夫人,接连生了许多儿子,可是当曹操病入膏肓的时候,仍然满怀愧疚地说:"我死了,在九泉之下碰到曹昂,他要是问我妈妈被弄到哪里去了,我怎么交代啊?"曹操心里最柔软的一角,到底还是留给了丁夫人,虽然两人未能相伴到老。

> **小提示**
>
> 　　曹操打败袁绍,占领了邺城,曾派人强行将丁夫人接到邺城。丁夫人回来后,曹操喜不自胜,设宴隆重款待丁夫人。但丁夫人并不领情,吃完以后,让人把她送回娘家。
>
> 　　温情不能感化美人那颗绝望的心,曹操无计可施,只好看着丁夫人离去。

一语安抚众人心
——卞夫人临危应变

曹操一生足智多谋、雄才大略,常言英雄还需美人伴。在他的一生中,有史料记载的妻妾就有十几位,包括丁夫人、刘夫人、卞夫人、环夫人、秦夫人、杜夫人、王昭仪、李姬、宋姬、周姬等等。

在曹操众多妻妾中,他最为敬重的是丁夫人,而他最为喜爱的,则是卞夫人。

曹操的结发妻子丁夫人因为不能生育,曹操又娶了刘夫人。刘夫人在为曹操生下长子曹昂后不久就去世了,年幼的曹昂虽然失去母亲,但却没有失去母爱。丁夫人在刘夫人去世后,一直尽心抚养曹昂,将之视为己出。但是曹昂长大后,一次随父亲征讨张绣,不幸死于乱军之中。丁夫人得知曹昂战死的消息后,非常悲伤,将儿子的死因归到曹操的头上。说来也是,要不是曹操好色,勾引张绣的婶婶,张绣就不会叛乱,曹昂也不会受牵连而死。

丁夫人选择离开曹操,回到了娘家。曹操也因为曹昂的死十分自责,觉得愧对丁夫人,因此终其一生对丁夫人既敬又让。

如果说曹操对丁夫人念念不忘是因为愧疚之情,那么他对卞夫人的喜欢则是出于卞夫人的贤良淑德。

卞夫人的出身并不高贵,卞家世代以歌舞伎为生,卞夫人从事的行业在当时虽然较为卑贱,但她本人的修养却极好,不仅生得美貌动人,歌舞也高人一筹,而且性格恬静温柔,好像是出自大户人家的小姐。

这样的女人自然会让曹操一见倾心。

卞夫人自嫁给曹操后,就开始以一个女人特有的温柔和贤淑帮助自己丈夫成就事业。

凉州军阀董卓作乱,率领大军进入洛阳,利用他强大的军事实力废除少帝刘辩,又改立年幼的汉献帝刘协。

董卓虽然是一介武夫,倒也懂得人才难得的重要性。他想拉拢曹操辅佐自己,就将曹操封为骁骑校尉,想要用高官厚禄拉拢他。曹操洞悉董卓作乱的野心,不愿被董卓所驱使,但又苦于暂时没有可以和董卓一较高下的实力,无奈之下只能带着

几个亲信,连夜逃出了洛阳。

曹操秘密逃走之后,曹家上上下下的大小事务都落到了卞夫人身上。卞夫人此时虽然只有三十岁,又是女流之辈,但是她的胆识和才干却丝毫不输于当世的任何一个英雄。

不久,曹家就收到了一个来自袁术方面的消息,声称曹操已经死在出逃的路途上。曹府众人得知后,顿时陷入混乱状态,尤其是曹操的那些部下,大家都觉得此时群龙无首,而且还面临着董卓随时会铲除曹氏的危险。

因此,几乎所有的部下都认为继续留守曹操门下很不明智,有些人甚至已经开始整理包袱,准备走人了。面对家中的重大变故,卞夫人并没有惊慌,此时的她挺身而出,只用几句话就安抚了众人惊慌失措的心。

因为情况紧急,卞夫人顾不得礼仪,亲自从后房走到大厅,极为镇定地对即将要四散离去的众人说:"大家因为听说了曹公已经遭遇不测的消息,想要离去,这也是人之常情。但是仅凭几句传言并不能确定消息是否可靠。虽然这条消息来自袁术那边,但当今之世,动乱不堪,消息的真假实在是很难分辨。你们大家都是跟随曹公征战多年的将士,如果仅凭一条传言就此离去,等到日后曹公平安返回,大家还有何面目来见曹公?我听说大英雄都十分在乎自己的名节,现在诸位为了逃避未知之祸,就做此打算,难道不是把名节看得太过轻率了吗?"

卞夫人的一席话让曹府众人自觉十分惭愧,感到自己的见识还不及一个年轻女人,于是都表示愿意听从卞夫人的吩咐,留在曹府。

后来,果然像卞夫人料想的那样,扰乱众人心的不过是一条假消息,曹操平安回到了家中。

曹操从府中人口中得知卞夫人安抚众人的这件事,也对卞夫人赞不绝口,佩服她的胆识和大局观。

小提示

公元187年(中平四年)冬,卞夫人生下了曹丕,也就是后来的魏文帝。

曹丕出生的时候,有青色的云整日笼罩其上,形状如同车盖。

有"望气"的术士前来看吉凶,一见此云盖,顿时满面肃然,认为这小婴儿非比寻常。曹家人听了很是欢喜,问术士这孩子前途如何?可否赶上他的祖上,也做一位皇帝的亲信大臣?术士连连摇头,答道:"这不是人臣所配有的云气,而是至贵至尊的人主征兆。"

虎女安能嫁犬子
——关羽之女的婚姻大事

诸侯割据的时代,各路豪强为了在这纷乱的时局中有所作为,想尽了一切办法希望问鼎天下。

为了达到目的,他们往往会做出许多牺牲,其中自然也包括他们的婚姻。

因此,许多"政治婚姻"便出现了。

刘备自从占据荆州之后,又夺取了益州等地,实力越来越大,这便给东吴的孙权造成了很大的威胁。

孙权虽然十分忌惮实力大增的刘备,但是又碍于孙、刘联盟的约定,不能明目张胆地和蜀汉政权反目,因为和刘备相比,曹魏的威胁更大。

既然不能公开翻脸,那么就得从其他地方来想办法牵制刘皇叔的实力。

想来想去,孙权想到了联姻。

这时镇守荆州的是刘备的心腹关羽。关羽有一女儿,名字叫作关凤,正是待嫁的年纪。孙权的儿子也已成年,正值婚配。关羽的勇武有目共睹,他对刘备的忠心也是不用质疑。于是孙权便想,如果能够促成自己的儿子与关羽女儿的婚事,该是一笔多么好的政治交易啊!这样一来,就算将来和荆州起了干戈,关羽碍于女儿的安危也得对东吴有所忌惮。

打定主意之后,孙权便遣使来到荆州,向关羽提亲。

按照孙权的想法,此次提亲成功的可能性极大。一方面,自己主动向关羽示好,作为父亲,关羽一定会看重女婿家强大的背景;另一方面,自己是东吴最高级别的领导者,如果这门亲事成了,从关羽的角度来说,实在是高攀。但是,事情的发展却令孙权大感意外。

关羽在得知东吴使者的来意之后,不禁大怒,对仍在滔滔不绝劝谏关羽的东吴使者喝道:"休再多言!我关云长所生的虎女怎么能够下嫁给一个犬子!这简直是天大的笑话!"此时正是冬天,帐内放着一个取暖用的炭盆,关羽盛怒之下,一脚踢翻了身边的炭盆,吓得东吴前来提亲的使者立刻退了出去。

关羽断然拒绝了孙权为其子求婚的要求,这在当时许多人看来,都认为关羽性

格太过高傲,不是真正懂政治的人。因为就连关羽的主公刘备自己,也曾为了保全和东吴的政治联盟关系,娶了孙权的妹妹,结成了一桩目的明显的政治婚姻。刘备能为了蜀汉政权的大局考虑,关羽怎么就不能如法炮制,也将女儿嫁与孙权之子,为荆州的安危着想呢?难道他就不怕得罪了孙权?

持这种看法的人,实际上误解了关羽。

关羽虽然表面看是一个勇猛过人的武将,但经过多年征战的历练,其政治能力绝不在刘备之下。他之所以怒斥东吴使者,实际上是对孙权求亲这件事最好的解决办法。

对关羽而言,在镇守荆州的这几年里,不断地和东吴打交道,他对东吴的心思可谓一清二楚。孙、刘双方虽然表面上是盟军,但是东吴对于荆州这块军事重地的觊觎之心一直不死。此次东吴前来提亲,孙权的本意并不在于儿女的婚嫁之事,而在于荆州这块要地。如果答应了这门亲事,不仅断送了女儿的幸福,说不好还会让女儿变成东吴要挟蜀汉的人质。

这样的折本买卖,关羽自然不会答应。

再者,关羽是统领荆州的蜀汉大将。关羽之女若要嫁人,须得通知刘备,此时要是自己擅自做了决定,于理不合。何况关羽统领荆州时,权力已极大,蜀中许多大将都对他有所猜忌,如果关羽答应了孙权,势必会引起人们的怀疑。况且,这一招也说不定是孙权特意为了分化刘备和关羽的关系而想出来的。

因此,关羽断然拒绝了东吴的提亲要求。

可是这拒绝又不能直接表达出自己对东吴的猜忌,于是,关羽也只能从一个骄傲、硬气的父亲的角度出发,说出了"虎女安能嫁犬子"的拒绝理由。

> **小提示**
>
> 　　史书中对于关凤的记载极为有限,更多关于她的经历和故事散见于各种民间传说。相传,关凤虽生得娇小美丽,看似柔弱,却继承了父亲关羽的性格,为人非常豪爽,能文能武,拜蜀汉大将赵云为师,时常在战场上厮杀,而且在诸葛丞相平定南蛮这样大的战争中,都曾立下军功。看来,关凤也真配得上父亲对她"虎女"的称呼了。

最毒妇人心
——袁绍娶错老婆

袁绍出生于四世三公的大家族,击败军阀公孙瓒,占据着要地,统领强兵,鹰扬河朔。

身为一代大军阀,一妻五妾的后宫配置在当时既平常也正常。

袁绍老婆刘氏,后世称刘夫人,在袁绍尸骨未寒时,就做了一件极其出名而且媲美吕后的事。

袁绍刚抑郁病故,尸骨还未收进棺材,众人在突如其来的噩耗中沉痛不已,还没来得及恢复理智实施阴谋阳谋。而刘夫人思维敏捷,加上袁绍一死,她在后宫大权总揽,再没人压制得住,就当着袁绍尸骨的面,命人把袁绍的五个小妾杀掉了。

可见刘夫人心底早就想除掉这些"狐狸精",只是没时机罢了。杀掉小妾后,刘夫人又怕小妾们与袁绍在阴间相遇继续相亲相爱,反而成就了袁绍的风流。为了不让袁绍认得小妾们,刘夫人命人剃掉小妾们的头发,毁掉小妾们的容貌,还泼了墨汁。这一毁,容貌当然是再也认不得,甚至比鬼还要吓人。

看着五个黑乎乎的"人",刘氏才放下心来。

她的小儿子袁尚也助纣为虐,屠杀掉小妾们的家人,顺应母心。

袁绍和刘夫人一共有三个儿子,按长幼分别为袁谭、袁熙和袁尚。袁尚生来俊美,连长得帅气的袁绍都认为袁尚奇貌。刘夫人更是偏爱袁尚,多次在袁绍面前有意提起袁尚,赞扬袁尚,一心想让袁绍立袁尚为嗣,弄得人们误以为只有袁尚是刘夫人所生。

长子袁谭,相比袁尚贤能得多,不仅在袁绍平定河北时就屡建战功,在出任青州都督后,逐田楷、攻孔融,控制了整个青州。自古以来的立嗣原则中,年纪相当的就应该选贤能者,如果贤能程度不相上下,就应该用占卜来选,不然会招致祸乱。

在大义原则下,袁谭当然是继承者的不二人选。

选继承人这事,本来对袁绍来说并不难,众臣看来答案也显而易见。但刘夫人却按捺不住,偏偏要发表自认为的高见,全然不顾选袁尚立嗣会带来的后果。

袁绍就在刘夫人的多次枕边风吹拂下,竟然也渐渐对袁尚偏爱起来,觉得自己

夫人的意见中肯,也就有了立袁尚为继承人的心思。

他在袁谭和袁尚二子中举棋不定,一方面想顺从民心,另一方面又被刘夫人说软了耳根。

继承人定谁一直是个谜,结果谜底还未公开,袁绍就撒手人寰。

审配等人趁乱伪造遗命,使袁尚成了继承人。

袁谭当然不服,愤恨满怀。为了跟袁尚争位,兄弟内战彻底爆发。

姜还是老的辣,曹操趁机来攻,结果袁氏三兄弟身首异处,袁氏江山易姓为曹。

如若刘夫人安分守己,深明大义,不以妇人之心参与立嗣,也许袁绍就不会这样摇摆不定,引发兄弟争位残杀,毁掉了大业。

当年项羽以杀掉吕雉威胁刘邦,刘邦一副你爱杀就杀,不以为然的样子。在后来长达四年的楚汉战争中,吕雉一直被楚军作为人质囚禁,受尽折磨。这样的经历,也让人对吕雉的阴险狠毒有了些许同情。但刘夫人呢,可能谈不上养尊处优处处为大,但袁绍对她应该也是敬重的,才会经常听她赞扬袁尚都不觉得心烦,连立嗣也受到她的影响。如若袁绍泉下有知,自己的枕边人看似大度,内心却如此歹毒,也不免背脊发凉吧。

小提示

《群书治要》记载:"绍听顺妻意,欲以尚为嗣,又不时决定,身死而二子争国,举宗涂地,社稷为墟。绍虽弊乎?亦由恶妇!"袁绍性格固然有缺陷,不果断,不愿用贤才,而刘夫人的火上浇油,间接导致了袁氏的灭亡。

泉下有知能安眠
——虎妻徐氏复仇

说起徐氏在三国的存在,大概和路人甲没什么区别。如果说徐氏是孙翊的妻子,还是有很多人不知道徐氏到底是何方神圣。毕竟三国的英雄太多,又有貂蝉、大小乔一类的绝色佳人艳压群芳。

江东政权从老大孙策开创到老二孙权接班,看起来好像和老三孙翊没什么关系,这也难怪孙翊没有存在感。

然而徐氏却做了一件轰轰烈烈的事,令人惊艳了一次。

公元203年,孙权刚从亡兄孙策手里接过江东政权没两年,彼时还没有经过赤壁之战,江东政权还只是偏安一隅的武装集团,可随着孙权一路横扫,江东俨然正在逐渐变成中华大地上最强的势力之一。

孙权即将进入辉煌霸业时期,自然要有得力帮手,孙翊当然是不二人选,毕竟是一母同胞。

孙翊顺理成章地被封为偏将军,直接被孙权派到丹阳做太守。

起初,孙翊在丹阳对百姓很宽厚,因此很受爱戴,慢慢赢得了民心。

孙翊的事业蒸蒸日上,加上有孙权这个靠山,手下人应该都急着巴结孙翊才是。可偏偏孙翊手下边鸿等人非但不巴结孙翊,反而嫉妒得要死。

都说女人善妒,这男人妒忌起来也很要命。

一天,孙翊出门送客,可就在他毫无防备的时候,被身边的边鸿等人用乱刀砍死了。

本来前程大好的孙翊就这么死在自己人手里。

边鸿等人杀了孙翊,自然不敢继续待在江东,可想跑又不容易,干脆直接逃到了山里。

孙翊死后,年轻的徐氏接受不了这个事实,在灵堂上哭得死去活来。

可是,直到这时孙翊是怎么死的也没人知道,当事人不是死了就是逃了,孙翊之死成了悬案,想报仇都不能。

不过,面对夫君无缘无故丧命,年轻的徐氏可不想就这样算了,虽然心痛万分,

可冷静下来以后,转而开始思考孙翊到底为什么会横尸街头,以及要怎样才能为他报仇。

于是,徐氏在丈夫的军中挑选了一批既有侠义之肠又武艺高强的军士,开始调查孙翊的死因。

边鸿等人刺杀孙翊的事情毕竟是藏不住的,矛头很快就指向了边鸿等人。

徐氏在进一步的调查中,得知边鸿等人正藏匿于山中。于是,她带着军士进山捕捉边鸿等人。

将边鸿抓到以后,徐氏亲自监督,砍下了边鸿等人的首级来祭奠丈夫孙翊。

本来徐氏的大仇已报,可就在这时,天降横祸,原在军中任督兵的妫览突然进入军中非要把孙翊的妻妾及管家、婢女全部占为己有,这其中自然也包括徐氏。

可孙翊尸骨未寒,徐氏哪里肯顺从。

但妫览到底不是善类,徐氏心里明白硬碰硬只会让事情变糟,只好强颜欢笑地说:"将军厚爱,岂有不从之理?只是我夫新丧,眼前正是服丧期间,妾身心情悲愤,如何能侍奉将军?不如到了月底,让我祭奠先夫后,脱去丧服,到时再顺从将军,岂不更好?"妫览听了徐氏的话觉得有道理,便乐呵呵回去等月底徐氏自己送上门来。

徐氏拖了一时,但到底拖不了太久,月底转眼就到了。

这一天,徐氏摆上果品,点上香烛,跪在丈夫灵前一番祭奠后,脱下了丧服,涂抹了脂粉,前往和妫览相约的地点。

当妫览见到美艳的徐氏时,激动地走上前来,就在此时,只听徐氏大喝一声:"众将不出来杀贼,更待何时?"妫览大惊,想要逃跑,却被事先埋伏好的孙翊旧部孙高、傅婴等人拦住。

妫览跪在地上乞求饶命,徐氏怒斥道:"夫君在世时,待你等不薄,你和戴员在我夫面前前呼后拥,竭尽忠诚。我也以为你们是忠良之士,在夫君面前数说你们的好处。想不到太守被人暗害,你不但不思为主人报仇,反而乘人之危,落井下石,强占婢妾,甚至连我也不肯放过,这与禽兽又有什么两样呢?我设计杀你,正是为夫报仇,为民除害,为国除奸!"

说罢,徐氏从孙高手里接过利剑,对准妫览心窝狠狠刺去。

小提示

孙翊被杀这天曾让妻子徐氏为他卜卦,徐氏说是凶卦,劝孙翊不要会客。可孙翊坚持会客又亲自送客。虽然平时孙翊出入都会佩刀,但当时因有醉意,所以空手送客,边鸿便从后斩杀孙翊,那时郡中所有人都很慌乱,无人去救孙翊。

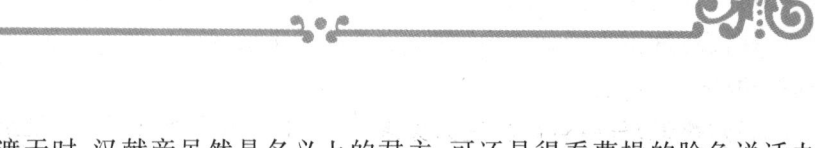

皇帝也救不了你
——伏寿暗杀不成反遭祸

曹操一手遮天时,汉献帝虽然是名义上的君主,可还是得看曹操的脸色说话办事。可谁都不是天生就逆来顺受的,更何况是帝王。

汉献帝无法忍受这种高级囚徒的生活,就策划了一次反曹的行动。但他实在没有力量,也不知道谁可以依靠,就给国舅董承写了封血书,藏在衣带里,连同衣服一起赐给他,让他奉诏勤王。但后来被曹操的特务系统发现而事迹败露。

曹操不顾汉献帝苦苦哀求,命人杀掉了怀有身孕的董贵人和一切与"衣带诏"事件扯上关系的人。

后来,汉献帝又听从了伏皇后的意见,决定铤而走险,结果又断送了伏皇后的小命。

伏皇后虽然贵为皇后,可是皇后的尊贵她却一点也没享受到,反而处处要看曹操的脸色。

有了董贵人的事情在先,加上曹操接连把自己的三个女儿嫁给了汉献帝,伏皇后日夜担心自己有一天也会被曹操杀害。

人到了末路绝境的时候往往会激发出强烈的求生欲,伏皇后也是如此。自从董贵人死后,伏皇后就开始盘算着如何清除曹操这颗定时炸弹。于是,伏皇后给自己的父亲写了一封信,大致内容是讲曹操如何凶残如何危险,请求父亲帮助自己除掉曹操。

【曹操杀董贵人】

不知道是伏皇后在深宫待久了不清楚曹操的势力,还是伏皇后真的被逼急了

而生出胆量,反正她的心意已决。

可伏皇后如此想,不代表她的父亲伏完也这样想。在伏完看来,与曹操对抗是送死,况且已经有董贵人被灭门的先例,何苦还要自取灭亡。

就这样,伏皇后诛杀曹操的大计因为父亲伏完的拒绝而搁置了。然而,这件事到此并没有结束。

没过几年,伏完去世,原本的爵位由其子伏典继承。

可就在伏典继承爵位后没多久,伏皇后谋杀曹操一事却泄露了。

虽然伏皇后只是动了心思并没有行动,可曹操还是为此事大动干戈,逼着汉献帝废除伏皇后,并且假传诏书说:"皇后伏寿,由卑贱而得入宫,以至登上皇后尊位,自处显位,到现在二十四年。既没有文王母、武王母那样的徽音之美,又缺乏谨慎修身养己之福,却阴险地怀抱妒害,包藏祸心,不可以承奉天命,祀奉祖宗。现在派御史大夫郗虑持符节策书诏令,把皇后玺绶缴上来,退去中宫,迁往其他馆舍。唉!可悲啊!伏寿咎由自取,未受审讯,幸甚幸甚!"而后,曹操又命尚书令华歆做郗虑副手,率着部队到宫中抓捕伏皇后。

伏皇后见逃跑已经来不及了,就藏到一面墙壁的夹层里。

华歆找不到伏皇后,就派人满屋子搜寻,最后打破墙壁,亲手扯住伏皇后的头发,把她从墙壁里拽了出来。

伏皇后披散着头发,光着脚丫,被押到曹操的面前。

伏皇后对汉献帝说:"你不能救救我吗?"可汉献帝哪里还有做主的权力,只能感怀地说:"我也不知自己的性命还能延续到何时!"

后来,伏皇后被曹操关在掖庭,幽禁而死。她所生的两位皇子也没能幸免,都被曹操以毒酒杀害了,而伏氏宗族也遭到覆灭。

小提示

公元190年,董卓挟持汉献帝到长安,伏寿以贵人的身份跟随。五年以后,伏寿被立为皇后,其父伏完被封为执金吾,此时汉献帝刚满十四岁,而伏寿十五岁。

名副其实的女智囊
——辛宪英临危断大事

说到辛宪英时,已经是名副其实的三国时期了。

当时魏、蜀、吴先后建立,这位辛宪英正是曹魏大臣辛毗之女。

辛毗曾是曹丕的主要智囊,如果没有辛毗,曹丕可能在夺嫡的过程中还会遇到更多波折。所谓虎父无犬女,有辛毗的良好基因和后天教育,辛宪英被冠以"智女"之名自然也不为过了。

当时,太傅司马懿趁着大将军曹爽陪同少帝曹芳前往高平陵拜祭魏明帝的机会,发动政变。

转瞬间,洛阳城门关上了,整个京都无疑落在司马懿的手里。

此时,曹爽手下的鲁芝和辛宪英的弟弟辛敞一同赶出洛阳,想要向曹爽报信。

皇帝的性命基本上已经捏在司马懿的手里,倘若皇帝死了,曹家自然也就不保。可年轻的辛敞当时只不过是曹爽身边的一位参军,这种政治变化对他来说实在难以看透。

危急关头下,手足无措的辛敞想到了自己的姐姐辛宪英。

于是,辛宪英也被卷了进来。

辛宪英大概了解了一下情形,分析道:"天下事情没有能预知的,但就我的判断,太傅是万不得已才发动政变。明帝驾崩之前,曾拉着太傅的手臂嘱咐后事,朝中人士对其遗言记忆犹新。曹爽与太傅同受明帝顾命,但是曹爽凭仗自己是皇亲独断专权,行事骄奢,对王室可说是不忠,于人伦道理亦可谓不正直。太傅此举,只不过是要诛除曹爽而已。"

辛敞继续追问:"那此事可以成功吗?"

辛宪英回答说:"当然会成功,曹爽的才能哪里比得过太傅。"

辛敞这才长舒了一口气,说:"那我就不必出城了。"

谁知,辛宪英却劝道:"你怎么可以不去!忠于职守是人伦的大义,我们知道别人有难,尚且会体察怜恤;如今你为人做事却弃下自身责任,是不祥之事,不可以这样做。受他人所任,为他人而死,是作为亲信的职分,你不是曹爽的亲信,只是出于

责任而已。"

听了辛宪英这一番话，辛敞只好跟随鲁芝斩关夺门而出。这件事自然是以曹爽被杀告终，可是辛敞的忠义之举非但没令他受到责罚，反而被加封。

这件事只不过是一场政治斗争，从头到尾也与辛宪英无关，可从辛宪英对局势的掌控就可以看出她的才智。也正因有辛宪英的才智，才保护了弟弟辛敞的仕途和人生，更在乱世里维护了辛氏家族的安稳。

小提示

辛宪英有"智女"之称，唐朝名相房玄龄评价她"聪明有才鉴"，宋元之际的史学家胡三省更是佩服得五体投地，说其智识"有男子不能及者"。

孙权的三段姻缘
——步氏难修正果

都说酒色不分家,孙权既然喜好饮酒,自然也不能少了爱色。

东吴的后宫一向都是走马灯一般换人,其根本原因和刘备丧妻换老婆不一样,而是因为孙权见异思迁。

孙权的第一位夫人是谢氏,是孙权奉母亲吴太夫人之命明媒正娶的嫡妻。两人婚后,孙权和谢氏的关系起初还很和谐,可没过多久孙权就喜欢上了新娶的小老婆徐氏,而且喜欢到想废了谢氏改立徐氏为嫡妻的地步。不过谢氏毕竟是吴太夫人亲自替孙权挑的老婆,有吴太夫人这个后台,孙权想要废掉谢氏也不是一件容易的事。没办法,孙权只好硬着头皮找谢氏商量,希望她"大度"一点,让徐氏取代她嫡妻的位置。可想而知,孙权自然是碰了一鼻子灰。被谢氏拒绝的孙权丢了面子,心想谢氏敬酒不吃吃罚酒,竟然一气之下强行废掉谢氏。

谢氏被废以后,徐氏就有机会了。等到徐氏坐上了嫡妻的位置,东吴朝廷里的官员可都不愿意了。原来,从辈分上算,徐氏是孙权的表侄女,孙权不顾伦理将其纳为正夫人,这也真是天不怕地不怕。

按理说,徐氏好不容易冲破层层阻碍当上了嫡夫人,以后应该安枕无忧了。可喜好美色的孙权本人可没把这当回事,在他看来,徐氏仍然只不过是自己宠爱的一个老婆而已。一旦有了更好的目标,徐氏的下场和被废掉的谢氏没什么两样。

果不其然,没过多久又出现了一个步氏,此时当了嫡妻的徐氏还一心一意以嫡母的身份抚养着长子孙登,而孙登算起来还是徐氏的表弟。

步氏有机会上位毫不令人意外,毕竟孙权也不是什么安分的主。

这个步氏差一点就能在孙权的心里修成正果。

孙权一步步从吴王变为皇帝,步氏始终都是陪在孙权身边的女人。

之前的谢氏、徐氏和孙权在一起,不过短短几载,便遇上情敌落败,可这步氏在孙权身边竟然从来都没有被孙权嫌弃,无论在谁的眼里来看,步氏都将会成为孙权的皇后。

可是,步氏却还是差了那么一点,不是别的,只是自己家族的原因。

原来，孙权对步氏虽然宠爱，但也忌惮步氏身后的同族。彼时朝廷中的丞相都是由姓步的担任，步氏的势力范围始终呈现扩张趋势，如果再把步氏封为皇后，孙权岂不是要看步氏家族的脸色说话办事了。

孙权宠爱步氏，却始终没能给她一个正式名分，步氏从头到尾也只能被称为步夫人。

步氏在孙权身边待了十几年，朝夕相伴，直到去世，也没能修成正果得到皇后的名分。

小提示

步氏，原名步练师。当时庐江被孙策攻陷，步练师与其母亲东渡长江时恰好被孙权见到，孙就将步练师纳为妾室。步练师在孙权的几位妻妾中最受宠爱，并为孙权生下孙鲁班和孙鲁育两位女儿。

公元238年，步练师去世，大臣们依着孙权的心意，请求追封步练师皇后的尊号。同年二月，孙权追封步练师为皇后，追赐印玺和绶带。

女人是老虎
——孙大虎坏事做尽

孙大虎有这样的外号,足见其个性的凶悍了。

其实,孙大虎的出身很好,她原名叫孙鲁班,是孙权和步练师的长女,孙权当了吴国的皇帝以后,孙大虎便成了名副其实的公主。

可孙大虎好端端的公主福不去享,却整天和别人过不去。

当时,孙权碍于步练师的外戚势力,所以迟迟不肯立步练师为后,反而想立王夫人。

不立步练师而立王夫人,这对孙大虎毕竟有影响,不过更重要的是孙大虎一向不喜欢王夫人,甚至可以说是到了憎恨的地步。也因此,孙大虎嫉恨起了王夫人的儿子孙和。

后来步练师去世,孙和被立为太子,这就更让孙大虎不满了。别看孙大虎和孙和是一个父亲生的,可小心眼的孙大虎就是容不下孙和。

等到孙权卧病不起的时候,孙和出于孝心到宗庙为孙权祈福,正巧他妃子的叔父张休的府邸就挨着宗庙,出于礼仪张休便邀请孙和到家中做客。

本来是无关紧要的小事,可这事被孙大虎知道了,就开始捣乱了。

孙权病重,身为人女的孙大虎不操心怎么尽孝,反而不嫌事乱地跑到孙权身边,状告孙和假借去宗庙实际是去张休家密谋造反。

这件事以后,报复心极强的孙大虎一发不可收拾,既然孙权被病痛缠身自顾不暇,她正好可以趁机挑拨不利于自己的关系。

后来,孙大虎又向孙权报告说见到王夫人容光焕发面露喜色,好像很期盼孙权去世一样。

孙权还真就信了,把王夫人骂了个狗血淋头。

王夫人被孙权无缘无故责骂,虽然不知道其中原因,可心里还是很委屈,久而久之,她陷在抑郁的情绪中走不出来,最后死去了。

王夫人死后,孙和失去母亲的依靠,加上孙大虎时不时在孙权面前挑拨,也慢慢失去了孙权的宠爱。

孙权虽然已经疏远了孙和，可孙和毕竟还是太子。趁着孙权此时宠爱潘夫人及幼子孙亮，孙大虎就巴结上潘夫人母子，同时又极力建议孙权立孙亮做太子。没过多久，在潘夫人和孙大虎两个女人的左右夹攻下，孙和的太子之位再也无法保住了。

孙和被废以后，孙亮立即被立为新太子。

可孙和并没有因此幸免，在被赶到新都生活以后，孙大虎一党的人又赐死了孙和。

但孙大虎的野心已经远不及此，孙和死后，孙大虎又开始企图立鲁王孙霸。这时候孙大虎的所作所为已经不是报复谁的问题了，而是想要谋朝篡位。

孙大虎此时陷入了疯狂的境地，在谋立鲁王这件事上，她找自己的一母同胞妹妹孙鲁育帮忙。

不过这姐妹二人的想法并不一样，被妹妹拒绝的孙大虎也因此对妹妹产生了憎恨之心，且时刻担心孙鲁育揭发自己。

公元255年，孙仪等密谋诛杀权臣孙峻，不料事情败露，无奈之下，孙仪只能自杀。

这件事正好给了孙大虎报复自己妹妹的机会，她便趁机诬陷孙鲁育是孙仪的同谋，就这样，孙鲁育也被杀害了。

小提示

孙大虎初嫁周瑜的儿子周循，周循死后，改嫁全琮，因此她也被称为全公主。孙大虎坏事做绝，后来事情败露，被废迁到了豫章郡，而孙大虎的同伙则被流放至零陵郡。

计谋篇
说不尽的尔虞我诈

天子在手谁敢不服
——勤王图霸计

曹操这个名字,在三国及之后的历代中几乎是无人不晓,但曹操的形象总是属于戏台上的白脸奸臣一类,不在好人列。

然而历史上,曹操其实是一个颇有作为的王者,是十分了不起的人物。细想一下,若不是赤壁之战失算于周瑜、诸葛亮,按照当时的态势,曹操大军肯定会马跃长江,进而灭掉孙吴,下一步入主西川。要知道,当时的刘备尽管文有"诸葛"、武有"关张马",但总体实力相差甚远,那点人马已经不堪一击。真要如此的话,中国历史上就不会出现三国时代,而是一个曹操开创的曹氏朝代。

曹操当时之所以能具备如此雄壮的实力,得益于他统一了当时的长江以北广大区域,而完成这一重大历史使命,他主要依靠勤王图霸之计。

曹操的出身尽管称不上显贵,但在当时绝对属于"官二代"。年轻时期的曹操嫉恶如仇,单人持刀想暗杀当时独霸朝野的董卓,被识破后急中生智骑马逃脱,回到家乡之后感觉要成就大事必须要有自己的军事力量,这才招兵买马成立自己的队伍。

历史也给了曹操成就霸业的机会。

在司徒王允利用貂蝉巧使连环计灭掉董卓之后,董卓旧部马上联合打击吕布。吕布可以领人逃走,可堂堂的一国之君不能也像一般人那样四处瞎跑吧,所以需要有人来护驾。

这时,在山东一带具备一定军事实力的曹操很快成了朝野中议论的话题。

曹操控制的区域距离洛阳比较近,本人更有不顾个人安危"暗杀董卓"的光荣历史。皇帝身边的人就推荐了曹操勤王护驾,而此时的曹操也正在自家的"一亩三分地"考虑如何来到皇帝身边。

这样,曹操的主观想象和汉室皇廷的客观实际不谋而合。

曹操迅速抓住这次机会,马上派大军直逼洛阳,很快将董卓的旧部人马打得落花流水,帮助皇室稳定了中原局面。

不过此时皇帝(还有朝野掌权之臣)对曹操仍有疑虑,毕竟有董卓之事在前。

可随后发生的事情让朝野大臣瞪大了双眼：曹操数月之内又击破了汝南、颍川的黄巾反叛人马，这等功劳要不封赏就有点说不过去了。朝廷只能封曹操为建德将军，稍后不久又升任镇东将军，加封为费亭侯。费亭侯曾是曹操祖父曹腾的封号，从中可以看出朝廷对曹操的重视程度。令人意想不到的是，曹操居然婉言拒绝。这一招让朝中对他存有顾虑的人放宽了心。

这年秋天，汉献帝入驻洛阳，随后曹操也进军洛阳保卫京城，皇帝赐曹操节钺，标志着曹操对中央朝政的实际控制，"挟天子以令诸侯"的局面形成。皇帝的人身安全得到了保障，那肯定就要嘉奖曹操。这样一来，曹操在朝野中的地位明显升高，可谓权倾朝野。

洛阳经董卓破坏，已残破不堪，董昭等劝曹操定都许昌。

曹操勤王成功，下一步就要称霸。他广揽人才，逐步选取要攻下的"异己"目标。做好计划之后，下一步就要求皇帝下圣旨讨伐所谓"逆贼"，其他的地方武装在这种政治态势下首先就处于下风，加上曹操用人得当，他很快便走上了自己人生事业的巅峰：张绣、孔融、公孙瓒、吕布、刘表、马超、韩遂、袁术等一系列割据军阀，倒在曹操的铁蹄之下。更让曹操扬名天下的是官渡之战，以少胜多，彻底击溃北方最大的军事集团袁绍，威震四方。

公元204年7月，曹操攻下河北袁氏的根据地邺城，从本年起，曹操把自己的据点北迁到了冀州邺城，朝廷的政令、军令此后都从这里发出，而汉献帝的都城许昌则只留下个别官吏。

从此后，正当壮年的汉献帝十几年间不敢违背曹操的意志，只能屈身于曹操。

最后，曹操在建安十二年（公元207年）彻底击溃袁尚、乌桓联军，消灭了袁氏集团，统一了中国北部。

小提示

勤王图霸计，即挟天子以令诸侯。曹操本来只是朝中的一个普通官吏，但凭着自己的英明机智，逐渐成为北方霸主，很大程度取决于曹操在用人方面能做到"唯才是举"。曹操打着皇帝的旗号来笼络文武人才为自己所用，然后征伐四方，进而成为三国时代最著名的政治家。

"官渡之战"胜利的秘诀
——扼喉待变计

依靠"勤王"得以图霸的曹操进驻许都后,在汉室皇廷的大招牌下,政治和军事实力开始明显增强。

他先后打败了吕布和袁术,势力范围扩展到兖州和徐州。

此时,北方的另一个政治军事集团袁绍也在不断扩充实力,并且因为树大根深,实力在曹操之上。

"一山难容二虎",历史上以少胜多的"官渡之战"就此上演了。

开战之初,袁绍就率领精兵十万南下,直扑河南地界。曹操手中仅有的一万人马进驻到易守难攻的官渡,阻挡袁绍兵马的进攻。

曹操首先用声东击西的计策解"白马之围",斩杀了袁绍的大将颜良,首战得胜,挫败了袁绍的锐气。

袁绍马上分进合击,结营进兵,最终和曹操在官渡形成对垒的局面。

袁绍军营兵多马壮,不断修筑营垒,还堆了一个很高的大土堆,然后让弓弩手居高临下箭射曹营。曹军也让工匠制作霹雳车,高抛石头袭击袁绍的军营。

三个月下来,双方在官渡相持不下。

曹操这边毕竟兵少将寡,后勤供应也无法和树大根深的袁绍相比,相持时间一长,后方就要出乱子:其中江东孙策就想乘曹操和袁绍交战之机突袭许都,只是孙策不幸遭遇了暗杀,才让曹操没有了后顾之忧。

随着双方相持时间不断延续,曹操终于失去坚守下去的耐心。

有一天,曹操看到运送粮草的军士疲惫不堪,一向爱惜将士的他忍不住了:"我

【袁绍】

一定在十五天之内击败袁绍,不让你们这么辛苦了。"曹操很信赖谋士荀彧,就将自己准备退兵的想法写信告诉了远在许都的荀彧。

荀彧很快回信说:"袁绍主力部队都在官渡集结,就是想和我军决战。我军这是在以最弱抵抗最强,如果不能抵挡住,必定会给对方可乘之机。如果这次作战不能打败袁绍,袁绍就会称霸北方,这是左右天下的大好机会。当年楚、汉在荥阳、成皋之间,刘邦、项羽没有人肯先退一步,双方都认为先退的就会在士气上失利。现在主公以一当十,扼守战略要地,让袁绍不能前进已经半年了。形势很快就会明朗,根本不能有回旋的余地,不久就会发生重大的转变。这正是出奇制胜的时机,主公万万不要失去战机。"

曹操终于明白了,决定继续坚守等待最佳战机,同时加强防守,命令负责后勤补给的将士采取十路纵队为一部,缩短运输队的前后距离,并用复阵(两列阵)加强护卫,防止袁军袭击;另一方面积极寻求有利的战机以击败袁军,加派曹仁、史涣等将军截击、烧毁袁军的后勤粮车,增加了袁军的补给困难,让袁绍很是心烦。

机会终于来了:到了十月,袁绍派大将淳于琼率兵一万护送粮草,囤积在袁军大营以北约二十公里的故市(今河南延津县内)、乌巢(今河南延津东南)一带。这时,袁绍谋士许攸因为受到袁绍的冷落来投奔曹操,他建议曹操派兵奇袭乌巢,烧掉袁绍的后勤物资。

曹操立即开始了行动,留下曹洪、荀攸坚守营垒,亲自率领步骑五千人,冒用袁军旗号,人衔枚马缚口,各自都带着准备放火用的柴草,利用夜暗走小路偷袭乌巢,到达后立即围攻放火。

袁绍得到曹操袭击乌巢的消息,一方面派轻骑兵过去救援,另一方面命令张合、高览率重兵猛攻曹军大营。

但曹营本身坚固再加上早有防备,所以袁绍攻打不下。

而曹操带领部队袭击乌巢时,袁绍增援的部队已经赶到。曹操身先士卒,结果大破袁军,斩杀淳于琼等,并将其粮草全数烧毁。

袁绍的部将张合、高览听说乌巢被毁,就投降了曹操,导致袁绍军心动摇,内部分裂,大军开始溃败。

曹军先后歼灭袁军七万余人。

袁绍无奈,只能带八百骑兵仓皇逃回河北地界。

至此一战,北方已经无人能和曹操抗衡,为曹操统一北方奠定了坚实的基础。

刘备这才保住了命
——仗义招才计

刘备因为私下联络曹操惹恼了吕布,最终被吕布从小沛赶了出来。

此时的刘备如丧家之犬无所依靠,只能寄人篱下去投奔曹操。

曹操和刘备后来在徐州白门楼勒死吕布之后,回到许都。

这时候刘备只能和关张二人暂时依附于曹操。

到许都之后,汉献帝和刘备论上了亲戚,随后称刘备为皇叔。此时的汉献帝已经察觉曹操的不臣之心,"衣带诏事件"正在密谋之中。曹操手下部分谋臣劝说曹操早日干掉刘备,免得刘备日后"尾大不掉",曹操嘴上说:"刘备在我手心里,我担心什么?"

曹操是三国时期首屈一指的政治家,他非常清楚刘备的底细:仁义为天下,老百姓拥护,天下数一数二的虎狼之将关羽、张飞还都是刘备的"生死兄弟",这些都足以说明刘备的雄才大略。而著名的"煮酒论英雄"就发生在此间。

曹操和刘备谁都不甘为人下,他们都是三国时代的政治家,此时却要同在大汉朝廷下听命。常言说,一山不容二虎,当时,曹操正处于事业的上升期,且势不可挡;而刘备此刻正处于颠沛流离状态,泥菩萨过河自身难保,无奈之下才投靠曹操。这期间,刘备必须隐藏自己的"龙行虎步",不要让曹操和其手下人发现自己的"野心",而且要做到滴水不漏才行。比如,关羽在许田围猎之时就险些动了刀。

曹操手下有很多谋士,他们都认为刘备非一般人可比,此人若留着,早晚有一天要成就霸业。但是对于刘备去留,曹操内部意见很不一致。荀彧、程昱认为刘备是当世英雄,必须除掉,留下的话说不定将来有一天会惹祸上身。郭嘉认为,既然都说刘备是天下英雄,那就不能杀,因为杀了之后天下的英雄志士就会对曹操望而却步,谁还肯投奔曹操共谋天下呢?曹操心知肚明,他也知道刘备肯定不会久居人下,有一天会与自己逐鹿中原,但曹操也觉得杀刘备不利于招揽人才,而得不到人才便难以成就大事业,所以不能杀。

为此,曹操还特地向朝廷举荐刘备做豫州牧。

曹操这一招很是高明,让天下人见识了他大英雄的气度。之所以被天下人称

为英雄,那做事就不应该用小人招数,而应该正大光明地分出高下。相反的,杀掉刘备势必让天下的有志之士投靠他人,而招来更多强大的敌人和自己对抗,那样对自己是极为不利的。况且,刘备当时并没有显露出英雄本色,因此留着刘备未尝不是好事。

曹操因为善待刘备,引来很多智谋之士前来投奔,让曹操统一了长江以北的广大区域,最终成就了霸业。

小提示
　　如果曹操当时杀死了刘备会导致什么结果呢?刘备三分天下的可能就不会有了,可关张赵马黄和诸葛亮之类的非凡人物就会投靠他人,最终对抗曹操。曹操杀死刘备的同时,也是在毁掉自己的霸业,正是因为曹操保全了刘备,也注定了三分天下的可能。

藏在幕后的刽子手
——借刀杀人计

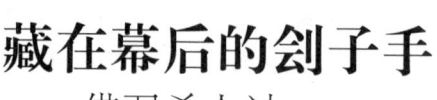

曹操在官渡之战击败了袁绍,随后乘势对袁绍展开追杀。心高气傲的袁绍失利之后,仓皇逃回冀州,急火攻心很快病死。

他的两个儿子袁尚、袁熙顶不住曹操大军的进攻,只得带领残兵败将退往辽东地界。

曹操平定河北之后,带领大军很快向辽东逼近。当时,辽东太守是公孙康,手下兵将不少,具备一定的军事实力。

公孙康虽说不是曹操的死敌,但并没有臣服于曹操。

这样一来,袁氏的余部再加入进来,兵合一处将打一家,真要联合起来对付曹军的话,势必会对曹操的霸业构成一定的威胁。于是,曹操的部下就向他提议,乘袁氏兄弟在辽东立足未稳、公孙康和袁氏兄弟还没有做好联合作战准备之际,马上出兵展开进攻,将公孙康和袁氏兄弟一举歼灭,以免将来养虎成患。

这样的提议有一定的道理,毕竟袁氏兄弟属于"丧家之犬"。他们来到辽东人生地不熟,要和公孙康联合肯定还需要磨合的时间。曹兵迅速出战,说不定就能将他们各个击破,不仅消灭袁氏残余部队,还能顺势剿灭公孙康,收复辽东。

此时,曹操的谋士郭嘉在易州养病,但对当时的局面了如指掌。他在病危之时,已经对辽东的事情有了判断,并及时向来探望自己的曹操提出来。曹操很英明,当即领会了郭嘉的用意,开始对提出要出兵辽东的将军们极力劝阻,采取了按兵不动的策略。

果然不出郭嘉的预料,事情并没有按照一般人的料想发展。由于曹操没有出兵辽东,这让公孙康反而对袁氏兄弟起了戒心。

因为袁绍在世称霸一方时,就曾经打过辽东的主意,现在袁氏兄弟来到辽东,还真对辽东动了心思。

二人感觉公孙康手握重兵,有足够的实力抗击曹操,此时如果杀掉公孙康占领辽东地盘,将来肯定能东山再起。可此刻公孙康手下谋士也不是白吃饭的,他们向公孙康提出建议:如果曹操向辽东出兵,那就联合袁氏兄弟一起抵抗曹操;如果曹

操没有进攻辽东,那袁氏兄弟恐怕就有反客为主的可能,我方必须先行动手,不然说不定就会陷于被动。

就这样,曹操按兵不动,坐观其变,公孙康果然开始谋划如何灭掉袁氏兄弟。在袁氏兄弟准备觐见公孙康的时机,公孙康抓住机会暗地里埋伏下刀斧手,然后抓准时机痛下杀手,砍杀袁氏兄弟,随后派人将袁氏兄弟两颗人头送给了曹操,表达了自己愿意归顺曹操的意愿。

就这样,曹操没有出动一兵一卒,就得到了袁氏兄弟的人头,还招降了辽东太守公孙康。

从这里可以看出谋士郭嘉的远见卓识:借刀杀人,巧妙利用公孙康和袁氏兄弟的矛盾,让他们内讧,进而达到自己坐收渔翁之利的目的。

曹操没有耗费一兵一卒,不仅诛灭了自己的对手,还乘势收复了辽东疆土。无怪乎曹操对郭嘉的去世非常痛心,以至于后来在赤壁决战大败的那天放声大哭:"痛哉奉孝(郭嘉,字奉孝),惜哉奉孝……"他相信如果郭嘉在世,自己肯定不会在赤壁遭此惨败,足见郭嘉在曹操心目中的地位。

> **小提示**
> 　　如果当时曹操听从了大家的提议,马不停蹄地攻打辽东,那公孙康情急之下肯定就会不惜代价快速联合袁氏兄弟。这样一来,他们会在辽东迅速形成一股对抗曹操的势力。曹兵连年作战,已经疲惫,倘若有个闪失,就会兵败辽东。所谓一着不慎满盘皆输,说不定此战就会影响曹操统一北方的大计。

想什么偏不做什么
——声东击西计

曹操在北方群雄中真可谓所向披靡,攻无不克战无不胜:官渡一战以弱胜强,击败强于自己几倍的政敌袁绍;徐州一战挫败吕布,使得曹操势力不断扩充。不过,曹操在北方也有吃败仗的时候,而且还曾在一人面前吃过两次败仗。

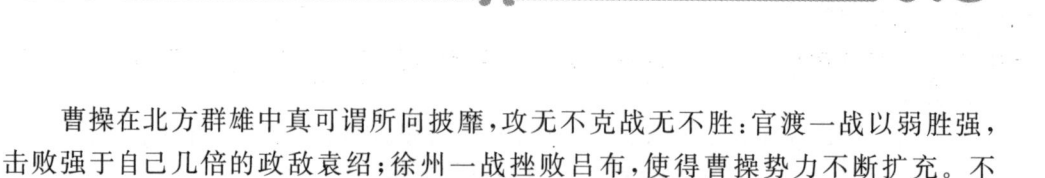

这人是谁?

张绣!

曹操首次讨伐张绣,就损失了大将典韦和儿子曹昂,让他领略了张绣的不凡能力。

经过一段时间的厉兵秣马之后,曹操带领兵马第二次讨伐张绣,大军包围了南阳城。

张绣带领人马和曹军交战不利,知道自己不是曹兵的对手,无奈之下只得紧锁城门,依靠南阳城宽阔的护城河死守城池。

曹操久攻不下,就命令士兵运送土石填河,还让工匠做云梯,他站到云梯上瞭望南阳城里的情况。

后来,曹操骑马绕着南阳城不停地走,一直转了三天,他发现南阳城东南角的城墙已经有毁坏的痕迹,是突击的一个缺口。

这下曹操心里有了底,回到军帐,马上命令将士在南阳城西北角准备柴草,集结兵马,做好大举攻城的准备。

曹操这一招是声东击西之计,他确定南阳城东南角是突破口,就虚张声势,准备在西北角攻城,引诱城内的张绣人马到西北角来,自己则暗地从东南角突击进城,打张绣一个措手不及。

曹操没有想到的是,张绣的一位谋士贾诩已经看破了他的计谋。贾诩在城墙上早已将曹操的举动看在眼里,他向张绣说明曹操的真实动向,随后提议:应该让老百姓假装成士兵,在南阳城西北角集结,装出一副准备迎击曹兵的样子;集结精兵埋伏在城东南角,一旦曹兵从那里攻击,即可回击。

果然不出贾诩所料,曹操看到城内张绣将士在西北角集结,东南角兵力空虚,

以为是张绣中了自己的计策,马上命令手下将士按照自己的原定计划,做好从东南角进攻的准备。

白天,曹操命令士兵攻打西北角,开始虚张声势,夜间悄悄地在东南角集结精兵。

夜深人静时刻,曹操认为攻城的最佳时机已经来到,立刻下令行动。

曹兵很快爬过壕沟,砍开鹿角,突进城内。

此刻,曹军居然发现南阳城内一片寂静,正要冲杀时,只听一声炮响,张绣亲自带领伏兵杀了出来。

曹兵受到这突然的攻击之后马上大乱,很快败退出城外。

张绣乘势追杀,一举将曹操赶出数十里。

张绣这一战不仅解了南阳之围,还斩杀了曹操几万人马,让曹操元气大伤,从此不敢小视张绣。

曹操自以为声东击西,将张绣的人马调离自己攻击区域,自己再乘虚而入,一举攻破南阳城。殊不知螳螂捕蝉黄雀在后,贾诩居然将计就计,让曹操再次折戟于南阳。

这次作战让曹操真正见识了贾诩和张绣的能力。

曹操本身爱惜人才,这为贾诩和张绣后来归顺曹操奠定了基础。

小提示

两次交手都让曹操吃了苦头,使得张绣和贾诩后来投奔曹操之后都得到了重用。曹操表奏皇上,封张绣为宣威侯、破羌将军;而贾诩后来协助曹丕称帝,被封为太尉、魏寿乡侯。

感情不够深厚的代价
——离间计

曹操在北方不断扩充势力,一时间所向披靡。他爱惜人才,在作战中遇到好的谋士或者武将,总要想办法弄到自己身边,让其为己所用。

但是勇冠三军的马超,却始终是曹操的"肉中刺"。

曹操找到机会,很快再次将讨伐的目标瞄准了马超。

马超感觉自己势单力孤,就拉了韩遂一起对抗曹操。

韩遂见曹操不断攻城略地,迟早有一天会打到自己头上,就答应了马超。

这样一来,马超和韩遂合兵一处,和曹操摆开了战场。

当时,曹操兵多将广,实力雄厚,和马超、韩遂的联军相比之下,双方差距很大。

随着交战的延续,马超和韩遂明显抵挡不住曹军的攻击,出现败势。

韩遂当年和马超的父亲马腾交情不错,后来在联合进攻李傕与郭汜的作战中结成了异姓兄弟。可是因部曲间的矛盾,马腾、韩遂二人成为仇敌,韩遂杀掉了马腾的妻、子,二人连年交战,曹操还派人从中说和。

从这一点上来说,马超和韩遂有过恩怨,韩遂这次和马超联合抗曹也是情非得已。

此时,韩遂感受到曹操实力的强大,自己这一方不是人家的对手,就想偷偷跟曹操讲和。于是派出心腹人员来到曹营,向曹操说出了自己的想法。

曹操表面上答应了韩遂,随后和谋士商议对策,如何才能让马超、韩遂二人自相残杀,自己坐收渔翁之利,从而达到一石二鸟的目的。

此时,三国时期著名的谋士贾诩已经投降曹操,他向曹操提出了用离间计拆散马超和韩遂的联军。

就这样,曹操和贾诩密谋之后定了一条离间计。

第二天,曹操和马超、韩遂对阵时,故意将韩遂叫到阵前。曹操和韩遂二人本来是老朋友,这次马头相交,在一起说了很长时间。但是,曹操和韩遂的谈话并没有涉及政治和军事话题,只是谈论京都的往事与老朋友们,高兴时还拍手欢笑。

计谋篇 说不尽的尔虞我诈

会面结束后,心下狐疑的马超等人赶忙问韩遂说:"韩将军和曹操说了些什么?"韩遂回答:"没有说什么。"这让马超起了疑心。

后来,曹操又派人给韩遂写了一封信,故意不小心落到马超手中。马超看信,信中有一处涂抹得很厉害,马超根本看不清楚。

曹操所做的这一切终于让马超对韩遂丧失了信心,而韩遂也感觉马超偷看自己的信件是对自己的不信任。

于是,曹操的目的达到了,马超和韩遂两家的联盟已经不复存在。

曹操明白决战的时刻到了,于是与马超等约定日期进行会战。

曹操先派轻装部队进行挑战,与马超等大战多时,再派遣精锐骑兵进行夹击,大破马超军队,斩杀马超的部将成宜、李堪等。而此时,韩遂并没有出兵协助马超。

等曹操击败马超之后,又大举攻击韩遂。

这下韩遂、马超只得逃奔凉州,曹操终于大获全胜。

小提示

常言说:内不合则外人欺。韩遂和马超本身有冤仇,曹操就抓住这一点使用离间计。话又说回来,如果曹操想在"桃园三结义"的刘关张三人身上用离间计,那是肯定不行的,因为这三人的关系是真正的"铁三角"。

容不得你再放肆
——瓮中捉鳖计

曹操统一北方之后,还想将自己的人生事业做大做强,把江南收到自己手下,进而统一天下。

踌躇满志的曹操没有想到的是,赤壁一战被孙权和刘备的联军打得损兵折将、一败涂地,大伤元气之后狼狈逃回北方。

不过,曹操统一天下的雄心壮志之火依然在心中燃烧,他养精蓄锐,打算找机会再次进军江南,一举灭掉刘备和孙权。

不过,此一时彼一时。

当时,马腾在西凉地区,手中握有重兵,更有勇冠三军的儿子马超。曹操想再次南下,可担心马腾趁中原空虚,袭击自己的后方。

这时,荀攸给曹操出了一个主意:表奏汉献帝,加封马腾为征南将军,然后下令让马腾带领自己的队伍讨伐孙权。这样一来,马腾肯定就不会怀疑曹操的用心了。等马腾来到京城之后,寻找机会除掉他。

荀攸的计策首先是请君入瓮,然后再瓮中捉鳖。

【中国戏曲里的马腾形象】

曹操感觉不错,于是就按照荀攸的意思开始办理。首先奏明汉献帝,让汉献帝下诏加封马腾为征南将军,到京师领命准备出兵东吴。

汉献帝不敢怠慢,即刻按照曹操的意思下了圣旨。

马腾非常了解曹操的为人,知道曹操在京师权倾朝野,朝中大小事情都是他说了算,所以接到圣旨有点犹豫。但是细想一下,皇帝圣旨中除了加封自己官职之外,还准备让他讨伐孙权。如果自己不去,就等于抗旨不遵、大逆不道。

左思右想了一番之后,马腾将兵马留给自己的儿子马超,然后去了京师。

马腾以为有马超在西凉手握重兵,量他曹操不敢把自己怎么样。但是马腾想错了,他来到京师之后就再也没有回到西凉。

马腾来到京师,就等于入了曹操的手掌心,切莫说朝中的一位普通大臣,即便是当朝天子也要看曹操的脸色行事。

京师的武装力量基本在曹操的控制之下,马腾来到这里就等于将性命交到了曹操手中。

曹操看到马腾上钩了,就将马腾老老实实"看死"在自己眼皮底下。

马腾来到京师完成自己入朝为官的心愿,可还想为皇上出把力,除掉奸贼曹操,就和黄奎欲讨伐曹操,但事情还是败露了。

马腾和儿子马休、马铁全部被杀,夷三族。

马腾的死讯传出后,马超为了替自己的父亲报仇,就联合韩遂在西凉起兵反叛,正式和曹操撕破脸皮,开始和曹操成为仇敌。

曹操害死马腾,让马腾乖乖地来到自己手中,然后再想办法除掉,这就是他"挟天子以令诸侯"的优越之处。曹操想处理谁,完全可以让当朝皇帝下令让谁怎么样,如果不听从,那就是不听当朝皇帝的话,就是违抗君命。如果听从,那便是顺着曹操的意思来办。曹操正是利用了这一"天时"的有利条件,再加上自己善用人才,所以让很多英雄豪杰败在自己手上,成为三国时期首屈一指的政治家。

小提示

《三国志》记载,马超的父亲马腾当时并非是被曹操诱骗到许昌的,而是他自愿归降曹操。曹操为了安抚凉州的诸侯,对他还是不错的,封了他卫尉。马腾也把家都搬到了许昌,准备过安稳幸福的后半生。但是后来曹操谋划进攻汉中张鲁的时候,钟繇就劝曹操说:"先别急着进攻,如果我们从长安出兵向西,必然会惹起马超和韩遂的怀疑,以为我们假道伐虢。"曹操并没有采信,也许他认为马超有人质在自己手里,投鼠忌器,不敢造反;也许他就是想挑拨马超造反,解决这个在北方唯一能够威胁自己的力量。他放出风声,说自己要出兵汉中。果然马超置自己的父亲和家人于不顾,真的造反了,曹操马上杀了马超全家三百多口,并且在潼关一带击败了马超。

蜀国是这样兴起的
——以逸待劳计

刘备进入四川之后，文有盖世奇才诸葛亮，武有勇冠三军的五虎上将"关张赵马黄"，实力雄厚。

曹操感觉自己统一天下的困难进一步增大，就集中了人马来取汉中，打压刘备的势力。

这样一来，曹操和昔日的老对手刘备再次对阵沙场。

双方在汉中地区你来我往开始交战，相持一年多时间互有胜负。

为了打破僵局，刘备一面命令身在益州的诸葛亮增兵，另一方面带领大军南渡汉水，在定军山下扎下大营。

曹操手下大将夏侯渊带领人马来攻打定军山，很快和刘备形成对峙局面。

夏侯渊自己带领轻步军守卫南部大营，让张合守卫东部大营。

刘备求胜心切，夜间带兵攻打曹军的东部大营，张合抵挡不住，向夏侯渊请求增援，夏侯渊马上分出一部分人马增援张合。

这样，双方再次形成对峙局面。

刘备手下有两员著名的老将：黄忠和法正。

其中，黄忠十分勇猛，而法正比较精通谋略。

法正仔细查看了定军山的地理环境，他发现定军山以西有座宝剑峰，比定军山还高，就劝黄忠抢先占领这座山。

【黄忠】

老将黄忠感觉有道理，立刻带领人马占据了宝剑峰。

这样一来，便将定军山地区双方的阵营虚实尽收眼底、一目了然。

计谋篇 说不尽的尔虞我诈

法正根据当时的情况,提议让黄忠带领人马守在半山腰,自己带领人占据山头。

他又和黄忠约定,等夏侯渊领兵赶到,法正举起白旗的时候,黄忠按兵不动;法正举起红旗的时候,黄忠才可以下山出战。

法正这样的布局的确给魏军带来很大威胁,夏侯渊明显感觉到巨大压力。但他也是能征惯战的名将,如何能被区区一个老匹夫牵制?他很快集中了优势兵力前来攻打宝剑峰,想扭转这种被动局面。

曹兵来到山下,很快摆开阵势。夏侯渊随后命令士兵在阵前叫战,让黄忠下山受死。黄忠抬头看山上,法正那里正高高地举着白旗。黄忠无奈,商议好的办法如同军令,必须执行,他只好耐着性子,等待法正的红旗出现。

山下的夏侯渊全副武装等着黄忠下山交战,可士兵骂阵骂了半天,黄忠就是没有动静。夏侯渊大意了,他认为山上的黄忠肯定是被自己的阵势吓住了。想到这里,他松懈下来,只管让士兵骂阵,自己坐下来想歇息一下。

他的举动,山头上的法正看得清清楚楚,看准时机一到,法正马上将手中的白旗换成了红旗。

半山腰的黄忠早已等得不耐烦,看到出击信号发出,立刻拍马舞刀就冲下山来。已经懈怠的夏侯渊此刻看形势不妙,重新披挂想再次上马,但是已经晚了。

老将黄忠看得分明,他飞马赶过来,举刀就向夏侯渊劈了过去。可怜一代名将夏侯渊,还没等准备好就被黄忠取了首级。

山下曹兵没有了主将,马上乱了套,很快出现溃败现象。

接下来,整个汉中区域曹兵的阵势也出现混乱,军心动摇,节节败退。

老将黄忠因为定军山一战斩杀了夏侯渊而立下大功,从"讨虏将军"晋位升职为"征西将军",刘备在汉中称王时又封黄忠为"后将军",与关羽、张飞、赵云、马超同列为"五虎上将"。

小提示

定军山一役是汉中之战的一部分,是刘备和曹操汉中争夺战的开始,也是打破蜀魏两军汉中长久对峙僵局的关键性一战。夏侯渊血洒定军山,成就了蜀汉老将黄忠的英名和蜀汉王朝的事业,奠定了三国鼎立局面的基础。因夏侯渊的离世和定军山的失守,最终让刘备在汉中战事的成果不断扩大,以致于曹操亲临汉中也无法挽回败失汉中的结局。

"坐收渔利"也满足不了的野心
——趁火打劫计

东汉末年,年少的汉灵帝非常宠信以张让和赵忠为首的十二个宦官集团,历史上称之为"十常侍"。十常侍对小皇帝像逗小孩玩儿一般,对国家则横征暴敛、卖官鬻爵,他们的父兄子弟亲信很多,横行乡里,祸害百姓,无人敢管。

提及十常侍,那就不得不说到何进这号人物。何进本来是个杀猪的,因为自己妹妹嫁到宫中被封为贵人,又为汉灵帝生下了皇子刘辩,被立为皇后,何进也因此受到朝廷的重用,官拜大将军高位,手握兵权。

当时,十常侍要立陈留王刘协(就是后来的汉献帝)为帝,也得到了后宫董太后的同意;而何进主张立何皇后之子,也就是少帝刘辩为帝。两派争斗很激烈,双方都想置对方于死地。

后来,何进直接在汉灵帝的灵堂上立了何皇后之子刘辩为皇帝,下一步就想趁机将十常侍一网打尽,但迫于何皇后的压力一直没能下手。

不甘心的何进想借外军之手消灭十常侍,就想起了远在西凉且手握重兵的董卓。

何进马上秘密奏明皇上,请求皇帝下密旨让董卓进京。

这时,远在西凉的董卓收到何进让自己进京救驾的密令,犹豫不决,因为董卓也知道当时京师复杂的局面,担心引火烧身。

董卓手下有一位著名的谋士叫李儒,他对当时的局面看得很明白,极力奉劝董卓以"奉诏救驾"为名,抓住这次机会进京夺取政权。

董卓听从了李儒的计谋,率领西凉大军迅速向京城进发。

董卓还没到京城,京城就出现了动乱。

因为何进和把持朝纲的"十常侍"矛盾激化,十常侍设计杀死了何进,何进的部将袁绍马上带兵杀进皇宫,斩杀了"十常侍",还为此错杀不少人。

京城一片混乱,汉少帝和陈留王仓皇之间逃离了皇宫。

带领兵马还在半路上的董卓,听到京师乱到这步田地,心里急成一团火:此刻自己大军进驻京城,不仅能替皇上平息事态,还可以在皇帝面前立下不世之功,为

成就霸业打下坚实基础。

想到这里,董卓马上下令部队加速前进,想趁京城混乱之时冲进去,用自己的优势兵力夺取京城的霸权。

果然,董卓带领大军在城外就遇到了落难的汉少帝。

面对人多势众的董卓,臣子们都被镇住了,只有陈留王(后来的汉献帝)和董卓说了京城的事变经过。

董卓由此观察到陈留王比汉少帝要好一些,就动了废立皇帝的主意。他认为只要废掉汉少帝,改立陈留王为皇帝,那今后朝中的所有事都是自己说了算。

董卓在朝中站稳脚跟之后,利用一次文武百官都在场的机会,提出了废立皇帝的计划,但随即就遭到几位大臣的强烈反对,其中就有丁原。

董卓马上想办法买通了丁原的大将吕布,让其归属自己名下,随后斩杀了丁原。

丁原一死,朝中其他大臣没人敢再吭声。

于是董卓废掉汉少帝,改立陈留王刘协为皇帝。接着,他又害死了汉少帝,处死了何太后,并将都城从洛阳迁到长安,逐渐将朝政大权完全控制在自己手里。朝中大臣的任免、重大事件的决策,都由董卓一人说了算。他将自己升迁为太尉,成为三公之一,掌管全国军事事务,后来又自封郡侯、拜国相,跃居三公之首,掌管宰相权力。

当时,董卓虽然名为"一人之下,万人之上"的国相,但实际上远远高于皇帝。

> **小提示**
>
> 董卓"趁火打劫"入驻京师,利用手中的武装力量控制朝野。他倒行逆施,为人残忍,最后招来天下十八路诸侯讨伐。虽说在迁都长安后诸侯联军瓦解了,但朝中大臣王允利用美人计,最终让吕布杀死了董卓。而东汉政权经过这样打击,慢慢走向衰败,为后来的三国鼎立埋下伏笔。

让你不听劝
——顺手牵羊计

公元219年,孙权派军队奇袭荆州,最终占领这座城池,一代名将关羽被迫走麦城并被吴兵擒杀,吴、蜀两国从此结下仇怨。

公元220年,曹丕废掉延续了四百年的大汉王朝最后一个皇帝汉献帝,随后自称皇帝。

公元221年,刘备在益州也自称皇帝,年号章武。同年,刘备为了夺回荆州,为关羽报仇,亲自率大军准备攻打东吴。

孙权听说刘备要和自己决战,感觉难以招架,和群臣商议之后,就派遣使臣请求和好,重新结盟共同对付曹魏政权。

刘备不接受,痛骂吴国的使者,蜀吴之间的矛盾达到白热化。

刘备称帝三个月之后,带领大军开始向东进攻,自此三国时期又一次著名的夷陵之战正式爆发。

按理说,当时三国鼎立,吴国和蜀国两家打得正急,魏国绝对是处于十分有利的位置,曹丕大可以联合蜀国一举灭掉吴国。

比较当时各国的文臣武将评估实力,吴国难以抵抗一个蜀国,如果魏国此刻再次陈兵赤壁,那情况要比当年赤壁之战的政治条件优越很多。

当时是曹操一家对付两家,现在是吴国对付两个国家,失败的肯定就是孙权了。

但事情却没有这样发展。

刚刚称帝的曹丕只顾铲除自己朝中的异己,进而巩固自己刚刚建立的政权,因此错失了这样的好机会。

当时,魏国著名的谋士刘晔曾经向曹丕提议:蜀吴两国大战,这是上天要让这两个国家灭亡,此刻如果派一名大将带领几万精兵渡过长江进攻吴国,魏、蜀连手,那孙权政权肯定坚持不到半个月就会无以为继;不渡江参战也可以,那就让蜀、吴两国争斗,魏国也可坐收渔翁之利,等双方打得筋疲力尽之后再收拾残局也行。不管怎么说,刘备和孙权两家打起来,曹魏不应该按兵不动。

然而曹丕并没有听从刘晔的提议，一门心思依然在如何巩固自己北方的政权上。

声势浩大的夷陵之战终于在南方的大地上演。但是，作战还没开始，蜀汉又一位名将张飞死在自己部将手里。他率领几万精兵从阆中抵达江州，准备与刘备会师之后一起进攻吴国。可惜在出发前，就被部下张达、范强所杀，这两个人还将张飞的人头送到孙权面前去邀功。这更加大了刘备对孙权的仇恨。

尽管再次折损一员大将，但刘备不为所动，依然统领大军向东夺取峡口，攻入吴国境内。

孙权向刘备求和不成，决定一面向曹魏求和，承认曹丕是皇帝，吴国是曹魏的附庸国，避免自己两线作战的危险；一面派陆逊带领军队迎击刘备大军。

陆逊不负孙权的期望，用以逸待劳的方法，首先阻挡了蜀汉军的攻势，随后在章武二年（公元222年）八月，于夷陵一带打败了刘备的蜀汉军队。

孙权打败刘备，取得了夷陵之战的胜利，回过头检讨，认为向曹魏称臣是对自己的屈辱，因此想和曹丕分庭抗礼。

此刻，北方的曹魏当权者曹丕感觉自己的皇帝位子坐稳了，于是派兵攻打吴国，但是前后两次出兵都无功而返。

小提示

"机不可失，失不再来"，曹丕本应该在吴蜀两国打得正激烈的时候出兵参战，那时候孙权真可谓是不堪一击，但曹丕错失了最佳时机。吴国得胜之后，孙权在政治上得到了进一步加强和巩固，实力增强了，军力在夷陵之战也得到了锻炼和提高。曹丕在这个不该出兵的时候出兵，结果可想而知。

骗得你团团转
——调虎离山计

三国时期出现了不少本领高强的英雄,无论是吕布还是马超,都是其中的佼佼者,然而他们在三国史上却有如昙花一现,始终没能占据主角位置,归根结底,他们并不是本领不够,而是不会动脑。

军事较量尤其如此,除了兵力、装备的比拼,更重要的是有一个好的军师,有了好的策划团队才能取得胜利。

刘备正是认识到这点,才不惜冒着风雪三次请诸葛亮出山。事实证明,刘备得了诸葛亮以后才进入事业的黄金时期。

年轻的孙策当时拿着孙坚从井里捡来的玉玺,换了兵力,到江东开创事业。除了靠自己的勇猛,最重要的还是他的智慧。

公元199年,孙策继续向北推进,希望能够一举夺下江北卢江郡。可卢江郡南边有长江之险,北边有淮水阻隔,是典型的易守难攻之地。加上此时割据在卢江的军阀刘勋势力强大,孙策想要拿下卢江郡机会微乎其微。

可卢江郡对于孙策来说是志在必得,既然硬拼打不过,就只能智取了。

孙策召集众将,共同商议如何对抗刘勋,最终想出了一条调虎离山之计。

人总是有弱点的,大军阀刘勋的弱点却是最容易被抓住的,他的贪财之心一看就知道。

孙策便利用这个弱点,派人给刘勋送了一份厚礼,外加一封书信。

刘勋打开书信,只见信中孙策说的全是刘勋如何如何英勇,自己对刘勋多么仰慕,又表示希望能与刘勋结交,总而言之就是把刘勋往天上捧。接着,话锋一转,孙策在信中说上缭经常派兵侵扰自己,如果刘勋能够相助,他将感激不尽。

刘勋被孙策吹捧得有点找不到方向,一时间很有做老大的感觉。他心想:既然自己的小弟孙策被人欺负,自己当老大的怎么能不拔刀相助呢?加上刘勋早就觊觎物资丰富的上缭一带,此时"软弱"的孙策开口了,正好可以借此机会夺取上缭,免去后顾之忧。

当刘勋浩浩荡荡发兵前往上缭的时候,早已备好兵马的孙策大喜道:"老虎已

经被我调出山了,我们赶快去占据他的老窝吧!"就这样,孙策率领人马水陆并进地袭击了卢江。由于卢江的主力军都已经被刘勋带出去了,留下守城的士兵战斗力薄弱,孙策这一战几乎没遇到顽强的抵杭,就顺利控制了卢江。

孙策毫不费力地拿下了卢江郡,但还是要戒备刘勋回来报仇。可此时的刘勋早已被拖在上缭战场,当他得知卢江有难的时候,恍然明白中计的刘勋只能接受事实,灰溜溜地投奔了曹操。

小提示

调虎离山是打虎计策之一,目的在削弱对方的抵抗力,减少自己的危险。在军事上是指,如果敌方占据有利的地势,并且兵力众多,我方应把敌人引出坚固的据点,或者把敌人引入对我方有利的地区,这样才可以取胜。在政治斗争中,这一计用得最多。

你的官早晚是我的
——反客为主计

当宦官和外戚两股势力打成一团，造成血洗内宫的时候，董卓反倒大摇大摆地抱着天子入主了洛阳城，白白捡了一个大便宜，而韩馥也跟着从中捞到好处，被封为冀州牧。

原本发动政变的大功臣袁绍却被董卓赶到冀州，给韩馥当手下，这口气袁绍憋在心里，虽然咽不下但还是要忍。

后来董卓玩过火了，惹得没一个人看他顺眼，各地忙着打仗的军阀都放下了争地盘的事，"组团"来讨伐董卓。

至于袁绍，少不了有自己的打算。可出兵打仗最重要的军饷掌握在顶头上司韩馥手中，袁绍就不得不低三下四讨好韩馥。

袁绍越想要军饷，韩馥越是不给，时间久了，袁绍对韩馥的怨恨之心可想而知。

这时，有个叫逢纪的谋士对袁绍说："想要成就大事，没有自己的地盘是不行的，只有站住了脚跟，才能攻击别人。冀州地大物博，就是你很好的选择。而韩馥平庸无能，不如你暗地让公孙瓒率军南下，韩馥得知后必然恐惧。此时你只需和韩馥讲一下待在冀州的危险性，韩馥的位置自然就要让给你了。"

袁绍一听，这不仅能摆脱韩馥的管束，还能自己当老大，实在是两全其美，于是便给公孙瓒写信。

公孙瓒接到袁绍的通知，果然出兵攻过来了，韩馥开始看到公孙瓒是打着讨伐董卓的旗号，也就没当回事，等发现其实是要攻打自己，这下可着急了。

虽然平时韩馥处处压制袁绍，可他心里明白袁绍有领兵之才，这时候也只能找袁绍商议对策。

韩馥不商量还好，一商量得到的都是负面评估。

袁绍身边一众人等轮番和韩馥分析利害关系，都说公孙瓒来势汹汹实在难以抵抗，想要保命难啊。一番恐吓之下，韩馥真就害怕了，毕竟他从来不是想做大事的人，只是希望能够当个官捞点好处，可不愿意拼死拼活，搞不好哪天命就没了。

韩馥被吓得没了主意，于是问荀谌："既然现在情形如此危险，我应该怎

办呢？"

荀谌说："您自己想一下，在宽厚仁爱、容纳待人、民心归附方面，比起袁绍，你们谁强？"

韩馥说："我不如他。"

荀谌又问："面临危难出奇制胜的智谋勇气，你们谁强？"

韩馥说："我不如他。"

荀谌再问："家世方面，你们谁强？"

韩馥回答："我不如他。"

荀谌说："现在冀州危急，而您对战公孙瓒又没有胜算，不如将整个冀州交给袁绍，袁绍会感激您。而公孙瓒见到袁绍也不敢轻举妄动，这不是两全其美吗？您又能得到一个让贤的名声，以后的地位只会比现在更高。"

素来胆小怕事的韩馥想到天下的军阀都太凶悍，自己没招谁没惹谁就要挨打，这冀州牧的活他不能干下去了，不然哪天再来一个公孙瓒，搞不好连命都丢了。

想到这里，他就接受建议，将冀州牧的位置让给了袁绍。

小提示

　　袁绍当上冀州牧后，封韩馥为奋武将军，但既没有兵，也没有地盘。后来，袁绍任命他与朱汉做同事，朱汉曾与韩馥有过节，韩馥担心朱汉会报复自己。一次，袁绍派使者去见张邈，韩馥也在场，就在商议机密时，使者突然和张邈耳语起来。在一旁的韩馥担心自己会被算计，过一会，韩馥起身走进厕所，拿起刮削简牍的书刀结束了自己的性命。

变脸比翻书还要快
——笑里藏刀计

有了赤壁之战的铺垫，孙、刘联军彻底粉碎了曹操的统一大业，也因此奠定了天下三分的格局。

此后，刘备开始迅速扩大势力，以拉锯战的方式和曹操抢夺地盘。

公元215年，刘备在汉中战场大败曹操，给了正在镇守荆州的关羽一个挑战曹操的机会。

在关羽看来，此时曹操刚刚战败，军队进入疲惫混乱期，正是讨伐的好机会，并且又得到刘备和诸葛亮从大本营西蜀发来攻取襄阳的命令。于是，关羽信心十足地率兵出发了。

原本孙、刘组成联盟军，到后来撮合出政治联姻，都是秉持着敌人的敌人就是朋友这一原则。如今关羽都要单独披甲北伐曹操了，互相利用的价值也就不存在了。

既然大家已经撕破脸，荆州这块地方孙权也没理由再让着刘备了。

不过，夺取荆州硬碰硬来还不行，得用智取。毕竟现在处于保持实力阶段，不能一开始就暴露自己的兵力，浪费自己的资源，所以说这荆州虽然是势在必得，但怎么拿下荆州还是一门学问。

这边孙权盘算着荆州问题越想越激动，似乎已经把荆州版图纳入了自己的统治范围，而另一边的关羽还浑然不觉孙权的心思。在关羽心里，此时只有一件大事，就是攻打曹操。

很快，关羽就率着自己的军队跑到樊城去和曹操抢地盘了。不过这时关羽还是留了一个心眼，并没有把全部兵力带到战场，仍然留有重兵防守荆州地区。

不过没关系，吕蒙有攻心计等着关羽呢。

在吕蒙的精心安排下，关羽终于落入圈套，认定荆州是无人侵犯的安全区，于是把留守在荆州的兵力都带到战场上，摩拳擦掌要和曹操来场硬仗。

关羽此时犯了骄兵必败的错误。在关羽眼里，东吴始终只能依靠地势才能保全自己，根本没有占据天下的实力。的确，孙权的阵营缺乏能威震天下的武将，这

也就给了关羽轻视的理由。关羽既然鄙视东吴,对东吴的防备也就减弱了。可孙权反而更要提防关羽,不可一世的关羽一旦北伐成功,必定会乘胜掉过头来攻占东吴,那时候东吴可就危险了。

因此在吕蒙的分析下,孙权最终制定了一套作战方案:徐州四战之地,在此地作战,北兵骁骑所长,南兵舟楫所短,纵然攻取,没有七八万兵力不能坚守,如是那样,东线我军和曹操兵势相交,不得卒解,万一西线刘备再乘虚而入,那结果就可能是我们全军覆灭;不如袭取荆州,占据长江之险;况且刘备、关羽反复无常,他们曾经傍陶谦、奔曹操、投袁绍、依刘表,和谁都没有诚心相处过,这样的盟友怎么能靠得住,不如趁此机会以绝后患。

有了这层考虑,吕蒙就要先发制人了。

关羽前脚率领着大军浩浩荡荡出兵北伐,后脚吕蒙就开始着手准备偷袭荆州。

当然,吕蒙打荆州的主意也不能太明显,不然引起敌人怀疑有了警戒,事情就不好办了。于是,吕蒙要先演一场戏。

这场戏从吕蒙装病开场,接着,孙权看到吕蒙已经"病入膏肓",便将其召回建业,派出没有名气的陆逊替代吕蒙统领部队。

打酱油的陆逊到任后,开始给关羽写信,内容无非是要求得到庇护,言词谦卑,软弱无能。

关羽一封信不回,陆逊就继续写第二封,反正就是没完没了。

这下可让原本就鄙视东吴的关羽更看不起孙权了,冷笑表示对东吴不屑一顾,原本对东吴的一点防备彻底没了。

没了戒备的关羽直接下令,将留守在荆州、公安防备东吴的大批部队,全部派往襄、樊前线,全力讨伐曹操的军队。

关羽把军队一调走,吕蒙的计划也就完成了一大半。此时荆州空虚,正是吕蒙的机会。

吕蒙从"病榻"上奇迹般地站起来,当即布置军队着手作战,而吕蒙自己也秘密返回了前线。

做好准备后,吕蒙派出精兵埋伏在商船内,又让摇橹的兵士穿上商人的白色衣服,昼夜兼程沿江西进。沿途每经过一个关羽在江边设立的哨卡,吕蒙都会派出打扮成商人的士兵隐蔽歼敌,加以拔除。

等到关羽的防守点快被吕蒙拔除干净时,关羽也没有发现吕蒙攻过来了。待吕蒙的大军突然出现在荆州城下,招呼都没打一声就发动进攻时,荆州的守军想要防守已经来不及了。

吕蒙没费多大力气就攻下了荆州,等到关羽反应过来时,想出兵支援早就来不及了。

小提示

　　笑里藏刀,是三十六计中的第十计。此计是用在军事上、政治外交上的伪装手段,用来欺骗、麻痹对方,掩盖己方的行动。这是一种表面友善而暗藏杀机的谋略,运用时不要让对方看出你的意图,要转移他的视线,扰乱他的思维,出其不意地打击他。

掉进危险的"温柔乡"
——美人计

三国时期,群雄割据,战乱纷争,汉帝名存实亡。

当时的朝廷宦官弄权,外戚何进欲铲除宦官,于是召西凉董卓入朝。

但是董卓还在路上,何进便已被宦官谋杀。

董卓进入洛阳之后尽杀宦官,不久更是完全控制了朝政。

董卓为巩固已经取得的朝廷大权,决定废除少帝,拥立年仅九岁的陈留王刘协为帝,也就是汉献帝。

接着,董卓命令自己的手下带着鸩酒,毒死了少帝及何太后。

在那之后,董卓自封为郿侯,不久又晋位相国,加斧钺虎贲,带剑履上殿,出入僭天子仪仗,汉献帝像一个木偶任他摆布。

董卓的暴行激起了司徒王允的愤慨,虽然他平日做事小心翼翼,凡事都要先禀报董卓然后才施行,其实是为了让董卓放松警惕,不再提防自己。

王允暗地里设法除去董卓,然而董卓时刻有吕布护卫,一般人难以接近,王允便决定先从吕布这里打开缺口。

王允先是将金银珠宝送与吕布,然后渐渐与吕布往来熟识,但是珠宝并不足以使吕布与董卓反目。

王允正在愁思莫展之时,看到了府里的婢女貂蝉,于是心生一计。

第二日,王允邀请吕布来家中吃饭,一连敬酒好几杯,然后让貂蝉上前陪酒。

吕布看见貂蝉时惊为天人,貂蝉又是频频举杯,暗送秋波,吕布早已被迷得神魂颠倒。

而后,王允又让貂蝉伴着奏乐舞上那么一曲,看得吕布心醉神驰。

吕布回头问王允:"此女何人?"王允说是义女貂蝉。

吕布又问及是否嫁人,王允又答言未嫁。

吕布听后,还在叹不绝口。

王允直说道:"将军如果不嫌弃,当送与将军为妻。"

吕布一跃而起:"司徒可是真话?"

王允微笑说:"美女当配英雄,天下英雄惟有将军,还恐小女不配,怎得说是虚言呢?"

吕布倒身下拜说:"承司徒见赐,恩重如山,布誓当图报!"王允即与吕布约定迎亲的吉期。

吕布欢喜而去。

过了两三天,王允瞒着吕布请董卓前来赴宴,然后让貂蝉跟着董卓回了相府。

不久这件事为吕布所知,吕布责备王允负约,王允佯装叹息,说了几句深浅莫测的话,挑动吕布的怒气。

吕布拍案大骂董卓,冲动地嚷着要去杀董卓,王允急忙拦住,与他密议多时,遂定约而去。

不久后的一天,吕布趁董卓前往宫中拜见皇帝之时,与那李肃合伙斩杀了董卓。

> **小提示**
>
> 美人计,出自三十六计,又语出《六韬·文伐》:"养其乱臣以迷之,进美女淫声以惑之。"意思是,对于用军事行动难以征服的敌方,要使用"糖衣炮弹",先从美色上打败敌方的将帅,使其内部丧失战斗力,然后再行攻取。

骗过群雄的"影帝"
——诈降计

三国时期,曹操率领大军攻打东吴。

曹操水军多由北方人组成,他们不适应水上生活,不少人因颠簸晕船而发生疾病。

后来,曹操接受了庞统的计谋,将战船拴在一起。

这样一来,曹操的战船或三十艘一队,或五十艘一组,都用铁锁连在一起,并在船上铺了木板,士卒战马往来如履平地。

晕船的问题解决了,不仅士卒为之欢呼,就是久经战阵、深明兵法的曹操,面对稳如泰山的船阵,也自以为得计。

东吴的大将军周瑜想出了火攻曹操大营的计划。

正在此时,早就投降了曹操的荆州水军将领蔡和兄弟前来投降。其实这二人是受了曹操委托,前来诈降的。周瑜早已清楚,但是不点破,打算来个将计就计。

周瑜很愉快地接纳了两人,但是私底下,却与另一名东吴将军黄盖商议火攻曹军的计划。

黄盖向周瑜提出,要想在曹营痛痛快快地放把大火,一定要有个内应,这样才能发挥火攻的效果。

计划虽然有了,但是问题也来了:该由谁做这个内应呢?又该怎样让曹操相信这个内应呢?

黄盖继续提议:不如就让我假装去向曹操投降,然后派一个亲信给曹操传递降书。现在东吴官员都是主和不主战,我们可以当众演一场戏,表现出我是主和派。

第二天,周瑜召集诸将于大帐之内,他让各军休整以待,打起精神,做好破曹的作战准备。

然而黄盖却打断周瑜的话,自顾自地说:"做再多的准备也是无济于事,如果打不过,还不如早些投降了曹操好。"周瑜听完这些话之后是勃然大怒,呵斥黄盖扰乱军心。

而黄盖自然是不服气,硬要和周瑜争执,气得周瑜两手发抖。

这件事以后,有了老臣黄盖做主和派的领头,东吴的将领更加不愿意和曹操开战了,士气低下可想而知。

有了前面的铺垫,接下来就算是有将领叛变降曹自然也不奇怪了,何况黄盖已经在东吴快要混不下去了,留下来早晚会被孙权处死。

等到黄盖的降书送到曹操眼前的时候,曹操早已从安插在东吴的探子那里得知了黄盖的处境,自然对黄盖投降的心意深信不疑。

在其后的一段时间里,黄盖透过亲信进一步和曹操约定了投降时的暗号和标识。

曹操对黄盖投降也始终没有怀疑。

建安十三年十一月二十日,孙、刘联军已做好大战前的准备与部署。

是夜将近三更时分,东南风渐起,且越来越急。

黄盖将准备好的二十艘大船,装满芦苇和干柴,浇淋火油,铺好引火用的硫磺等物,然后用青布油单遮盖好,船头还钉满大钉,船上又树起诈降的联络标识"青龙牙旗"。

每艘大船后面各系着行动便捷的小船"走舸"。

黄盖还特派小卒持书,与曹操约定当晚来降,周瑜也安排好接应黄盖的船只和进攻的后续队伍。

江北的曹操,正在大寨中与诸将等待消息时,黄盖的密信送到。信中称,因周瑜关防甚严,黄盖一时无计脱身,巧遇鄱阳湖运粮船队到寨,周瑜遂命黄盖巡逻,这才有了出营的机会。于是,定于当晚二更来降,插着青龙牙旗的船队就是来降的粮船。

曹操见书大喜,与诸将来到水寨的大船之上,专等黄盖的到来。黄盖座船的大旗上写着"先锋黄盖"四个大字。他指挥着诈降的船队,乘着呼呼的东南风向北岸疾进如飞。

当曹操看到黄盖的船队远远驶来时,高兴异常,认为这是老天保佑他成功。但曹操的部下程昱却看出了破绽,他认为满载军粮的船只不会如此轻捷,恐怕其中有诈。

曹操一听有所醒悟,立即遣将驱船前往,命令黄盖来船于江心抛锚,不准靠近水寨。

但为时已晚。

此时,诈降的船队离曹军水寨只有二里水面,黄盖大刀一挥,前面的船只一齐放火。各船的柴草、火油立即燃烧起来,火乘风威,风助火势,船如箭发,冲入曹操水寨。

曹军战船一时俱燃，因各船已被铁锁连在一起，所以水寨顿时成为一片火海。大火又迅速地延及北岸的曹军大营。

危急中，曹操在张辽等十数人的护卫下，狼狈换船逃奔北岸。

孙、刘的各路大军乘胜同时并进，曹军被火焚水溺、着枪中箭而死的不可胜数，曹操本人也落荒而逃。

周瑜、黄盖的"诈降计"，至此获得重大成果，它是孙、刘联军赢得赤壁大战的重要计谋之一。

小提示

《三国演义》为了增添故事气氛，还增加了周瑜打黄盖的"苦肉计"。苦肉计是指故意毁伤身体以骗取对方信任，从而进行离间的计谋。

诸葛亮也失算
——缓兵之计

诸葛亮上了年纪之后,健康状况自然也走下坡,但他对挥军北伐也越来越急不可耐,蜀汉和曹魏的战争终于一触即发。

蜀军一路进军到天水,直把曹魏将军贾嗣、魏平围困在祁山。危机之下,魏明帝只好急调荆州都督司马懿西屯长安,这才勉强抵御了诸葛亮。

司马懿与诸葛亮对阵,注定要演变成一场智斗。

诸葛亮急于攻打魏国,司马懿却来个闭门不出,严防死守,让诸葛亮干着急。

老鼠不出洞,神仙也无法。

司马懿清楚诸葛亮最怕打消耗战,只要把他耗得没吃没喝,失去耐心,自然就会知趣而退。

所以司马懿采取了拖延战术,无论诸葛亮怎么叫阵,就是不出战。

彼此对峙了一段时间,诸葛亮沉不住气了,取出女人的头巾和衣服,装在一个大盒子里,还写了一封信,让人给司马懿送去。

诸葛亮在信中写了什么内容呢?其实也不复杂,就是说,你司马懿好歹也是统领一国军队的大将军,将军就应该披坚执锐,驰骋沙场,你总是龟缩在老鼠洞里,就和一个妇人一样没出息。今天我给你送去妇人的头巾和衣服,你要还有点羞耻心,感觉这是侮辱,就出来决一死战,否则,就接受妇人的待遇,甘心当一个女人吧。

司马懿看了衣服和信,心里很生气,但表面却装作根本不在乎,大笑着说:"诸葛先生既然把我当成一个妇人,那我就把礼物收下。"他的意思很明显:你这是激将法,老子才不上你的当。

接着司马懿向来使询问诸葛亮的身体如何,休息得怎样,每天能吃多少饭。使者一一如实回答,说诸葛亮日夜操劳,夜不能寐,寝食难安,每天只能吃很少一点饭。

使者走后,司马懿便对部下说:"诸葛亮食少事烦,活不了几天了。"

诸葛亮的手下杨颙也曾劝诸葛亮说:"我看你经常亲自批阅很多文件,完全没有必要啊,只要你治国有章法,上下人就没有敢欺骗你的。治理国家和治理家庭一

【诸葛亮祁山布阵】

样,哪有主人事必躬亲,大小事都要过问的。地让奴仆们耕种,有事情就交给奴仆们去做,你应该从容自在、高枕无忧才对。最有水平的管理者应该坐而论道,不管那些琐碎的事情,像古代的陈平,竟然不知道有多少钱。你这样大小事情都要亲自处理,呕心沥血,不累坏身体才怪呢。"

诸葛亮听了,心里很感动,哭着说:"不是我不知道这个道理,我受先帝的委托,辅佐圣上北上伐魏,匡扶汉室,责任重大,我怕别人不像我一样尽心卖力。"

杨颙死后,诸葛亮想起这事,还感伤落泪。可是感动归感动,感伤归感伤,诸葛亮仍然不放心授权,总是事必躬亲。

正是这种对人的极端不信任,才导致诸葛亮操劳过度,积劳成疾,再也回不去成都了。

所以说,事必躬亲的领导者,只能算是一个尽职的领导者,未必是一个成功的领导者。

诸葛亮虽然老谋深算,但使出了吃奶的力气,也无法诱使司马懿出战,这次斗法,司马懿明显占了上风。

他之所以不怕侮辱,能沉得住气,是因为他对双方的处境太了解了。因为这时候着急的是诸葛亮,而不是司马懿,每拖一天,诸葛亮的大军就要消耗大量的给养,而他们的后勤供应又那么困难,他们消耗不起。战争打的就是金钱,尤其这种旷日持久的消耗战。蜀国的经济实力远不如魏国,加上翻山越岭供应军队的给养,不仅代价大,而且不如魏国方便。司马懿能消耗得起,诸葛亮消耗得起吗?你说我是妇人,我就是妇人了?即使拖不死你,也拖得你半死!

最后的结局大家也都清楚,诸葛亮真的被"拖"死了。

小提示

　　缓兵之计,是延缓对方进攻的计策,指拖延时间,然后再想办法。司马懿正是用此办法拖延了诸葛亮的军队,最终赢得胜利。

刘皇叔的"谦让"
——瞒天过海计

汉献帝初平四年,曹操派遣部下去山东琅琊,将自己的父亲曹嵩及家人上下百余人接到自己的大本营兖州去。

经过徐州时,徐州牧陶谦为了和曹操搞好关系,特意派遣自己的部下护送曹嵩等人前往兖州。谁知他的一个部下张都尉反倒杀死了曹嵩等人,席卷钱财跑路了。

曹操勃然大怒,以为父报仇之名,前往攻打徐州牧陶谦。

面对大军袭来,陶谦还是有自知之明的,他知道自己肯定打不过曹操,就听从了谋士的建议,请来北海相孔融、青州刺史田楷等人前来相助,而孔融又请了刘备一同前往。

就这样,刘备带着自己的几千人马前往徐州营救。

在徐州城下,刘备与曹军大将于禁所部小试锋芒,初战告捷,让被围困许久的徐州城暂时解除了危机。

陶谦急忙将刘备等人迎进城内,好生款待。

吃饭的过程中,陶谦更是主动提出要将徐州城让给刘备。

陶谦声泪俱下地说:"当今国将不国,朝廷威望衰败。刘公乃是汉室宗亲,正应该为国出力。我的年纪已经太大了,根本没有精力管理徐州,情愿将城让与刘公,还望刘公不要推辞。"

刘备听到这番话也是大吃一惊,赶紧起身推辞道:"我前来相助绝非图报答,只是怀着济世安民之心,不想让那曹操荼毒生灵。我虽然是汉室宗亲,可是威望还不足以称道,这个徐州城我不能要。"

陶谦又说:"我这些话都是推心置腹说的,绝非虚情假意。"

但刘备还是推辞。

陶谦的谋士糜竺看见两个人一而再、再而三地推辞,就在一旁劝阻说道:"现在曹军兵临城下,我们应该先商议如何打败曹操,等到曹操退军了我们再说徐州城的归属问题不迟。"

恰巧这个时候,吕布在后方进攻曹操,曹操恐后方有失,迫不得已撤军了。

徐州牧陶谦见曹军撤走，徐州转危为安，便派人请刘备、孔融等人入城相聚。

宴会结束之后，陶谦又再次对刘备提出了转让徐州的事。

刘备说："我应孔融请求前来救援徐州，这是义举，然而现在如果没有任何理由就占据了徐州，天下恐怕会认为我是乘人之危的小人。"

糜竺、孔融等人纷纷劝解刘备接替陶谦治理徐州。

刘备苦苦推辞说："难道你们想让我陷于不义吗？"

陶谦见刘备还是不肯接手徐州，便说道："那请刘公暂且驻扎在小沛，这样可以保护徐州，您以为如何？"

众人也是纷纷劝阻刘备，刘备这才同意。

不久，陶谦染病，而且病情越发沉重，便派人以商议军务为理由，把刘备从小沛请来徐州。

陶谦躺在病榻上对刘备说："今天请您前来，不为别的事，只因老夫病已垂危，朝夕难保，希望您看在徐州百姓的面子上，接受徐州，老夫死也可以瞑目了！"

刘备说："可让您的二位公子接班。"

陶谦说："其才皆不能胜任。老夫死后，还望您多加教诲，千万不能让他们掌握州中大权。"

刘备还是辞让，陶谦便以手指心而死。

随后，徐州军民极力表示拥戴刘备执掌州权，关羽、张飞也再三相劝，刘备才同意担任徐州牧。

其实，对徐州这块肥肉，刘备早就垂涎三尺，只不过是做足了戏，瞒天过海，最终达成了目的。

小提示

　　瞒天过海，字面意思是瞒住上天，偷渡大海。比喻用谎言和伪装向别人隐瞒自己的真实意图，而在背地里偷偷地行动。

看谁的损失大
——以小博大计

蜀汉大将张苞死后,诸葛亮大病了一场,回成都养病。

曹真听说诸葛亮回了成都,就和司马懿一起,率领四十万大军来攻打汉中。

诸葛亮知道后,当然会领兵拒敌。

他夜观天象,料定一个月之内必有大雨,就安排部队准备好防雨的粮食和柴火,坚守不出,与曹军对峙。

司马懿也是一个天文学家,他同样预测会下雨,就建议曹军在陈仓城里安营扎寨,等大雨过后再进军不迟。

那时候,陈仓已经是一座空城,诸葛亮撤退时,把陈仓给烧掉,魏军只好在简易的工事地驻扎。

果然不出诸葛亮和司马懿所料,没过几天就开始下大雨,整整下了一个多月,曹军缺柴少粮,损失惨重,只好退兵。

敌退我进,这是诸葛亮的战略。

可是当曹军退去,诸葛亮并没有命令部队追击,而是另辟蹊径,从别的路向中原挺进。

司马懿见诸葛亮不来追赶,就猜到蜀军会出岐山来进攻魏国。

可是曹真不相信司马懿的话,于是两个人打赌,司马懿说,如果十天内蜀军不来,我就把脸抹成红色,穿上女人的衣服;曹真说,如果十天内蜀军来了,我就把皇帝赐给我的东西送给你。

于是二人兵分两路,守株待兔,等待诸葛亮进攻。

诸葛亮把部队分成左中右三路出祁山,向魏国进发。

魏延和陈式等四名将领带领一路人马,从箕谷方向进军,将要进入箕谷的时候,诸葛亮忽然派邓芝来下通知说,箕谷里可能有伏兵,不要进去。

陈式听了不以为然,魏延听了陈式的话,也随声附和,这样一来,陈式就更不把诸葛亮的命令当回事,率领五千人马,贸然进入箕谷。

结果他被司马懿关门打狗,打得大败。

陈式违抗军令,回去必死无疑,但是魏延能逃过惩罚,邓芝却一点也不理解。诸葛亮告诉他,我知道魏延早晚会造反,留下他,是要利用他的勇猛。

曹真不相信蜀军会来进攻,所以也没当回事,专等十天后,笑话司马懿。

到了第七天,哨兵来报告说,发现了蜀国的侦察兵,曹真就派出一支人马去追击。结果这支人马落入蜀军的圈套,被包围活捉。蜀军换上魏军的衣服,打着魏军的旗号,蒙骗曹真,曹真果然上当,被诸葛亮率领大军,一举攻破了营寨,多亏司马懿赶来,才救了曹真的小命。

曹军大败,只好退后安营扎寨。

曹真不幸被司马懿言中,又中了诸葛亮的诡计,羞愤难当,一病不起,为了稳定军心,他又不敢回都城去养病,只好在军营里干耗着。

诸葛亮早预料到这一点,于是把俘虏的魏兵都放了回去,让他们给曹真捎一封信。曹真不看信还好,看了信,一口气没上来,就被活活气死了。

到此,曹魏政权的曹真时代彻底结束,进入了司马懿左右政局的时代。

曹真不死,司马懿难掌大权,施展不开手脚,诸葛亮与司马懿的斗法,取胜的机会大大增加。如今曹真一死,司马懿少了一些掣肘,实际上增加了诸葛亮斗法取胜的难度。

劫寨破曹真在整个《三国演义》里,是一个比较特殊的案例,也非常具有代表性。

为什么这样说呢?这次斗法,双方均是内斗外斗相结合。

诸葛亮想出计谋,就遇到了执行问题,于是他要与魏延和陈式斗争。司马懿料到了诸葛亮的诡计,准备采取相应的对策,这时候,他也遇到了执行问题,要与曹真斗争。

这样内争外斗的结果是,双方各有胜负,各有损伤。表面来看,诸葛亮损失了陈式,曹魏方损失了曹真,诸葛亮略占上风。

小提示

"以小博大",指用小成本透过冒险投机手段赢得大的报酬。诸葛亮气死了曹真,直接导致后来司马氏的篡政,诸葛亮不仅为自己树立了死敌,也开始为三国掘墓。

大人物有"小心机"
——欲擒故纵计

曹操在白门楼斩了吕布之后,便把刘备等人也带回了许都。

刘备是有雄心壮志的人,怎么肯寄人篱下。

后来,他以袭截袁术为由逃离了许都,并重新夺回徐州,还怂恿袁绍起兵攻打曹操。

曹操很是愤怒,派手下大将刘岱和王忠前往讨伐刘备。

那时候正是寒冷的冬天,下着鹅毛大雪。

曹、刘两军冒雪排兵布阵,曹军人多势众,声势赫赫,但刘备的军队也不是吃素的。

刘备手下的大将关羽勇武过人,与王忠在马上不过是斗了几个回合,便活捉了王忠,顿时军心大振。

【白门楼斩吕布】

张飞见关羽立了大功,就向刘备请命:"待我前去活捉了那刘岱来。"

刘备说:"刘岱也是一方诸侯,你切不可小看了他。"

张飞不在意地冷笑道:"这种货色何足挂齿,生擒他不费吹灰之力。"

刘备却故意刺激张飞："你的武力我自然放心，可是就怕你莽撞的性子坏了他的性命啊。"

张飞急了，怒道："假如我杀了他，我就陪着他一起死！"于是，刘备给了张飞三千兵马。

那刘岱看见王忠被关羽活捉之后，深知自己一个人打不过刘备，便紧闭营门，不和张飞交手，气得张飞每天在营门前恶言恶语地辱骂刘岱，自己骂累了便让部下骂。可越是这样，刘岱越是不敢出战。

一连好多天，刘岱就是死守。

张飞正焦急之时，突然心生一计。

这天，张飞传令全军午夜前去夜袭曹军营地。然后，他在自己的军帐中饮酒作乐，喝得酩酊大醉，又故意找了一个士兵的错误，喝令左右将这个士兵绑起来狠狠地打了一顿，骂道："等我打败了刘岱，再拿你的脑袋祭我的军旗。"

然后，张飞偷偷命人松开这个士兵的绳子，让他逃走了。

那个士兵逃走之后是越想越气，便前往刘岱大营中告密。

刘岱看见那士兵被打得皮开肉绽，便相信了他的话，十分高兴地说："真乃天助我也！今天晚上我要叫张飞尝尝我伏兵的厉害！"说完，传令把大营腾空，所有士兵全部埋伏在兵营外，就等着张飞夜袭的时候来个瓮中捉鳖。

这天晚上，张飞果然是兵分三路，长驱直入。

可是中路的士兵只有几十人，任务是闯入营寨中放火，然后左右两路人马包抄刘岱的背后，等着中路起火为信号，然后左右夹击刘岱大军。

待到三更天，张飞亲自领了一队精兵，截断刘岱的后路。紧接着，中路几十人闯入刘岱营中放起大火来。

营外刘岱等不及了，率领着伏兵向营中杀去。

可是螳螂捕蝉黄雀在后，张飞两路人马一起出动，围杀刘岱伏兵。

刘岱大军顿时慌作一团，根本不知道张飞到底有多少人，立刻溃逃而去。

刘岱一看不妙，打算带着一些亲兵逃跑，却撞见了张飞，不过一个回合，张飞便将那刘岱活捉于马上。

小提示

欲擒故纵计，出自三十六计，诸葛亮七擒孟获正是使用此计。而在武则天时期，曾赏给太平公主细玩宝物两食盒，价值百镒黄金，却被人全部偷走，最后也是使用此计抓住了盗贼。

再难的路也要走
——暗度陈仓计

经过连年征战,终于奠定了魏蜀吴三分天下的格局。

不过在这三国之中,要说实力最强,还是魏国,并且此时魏国有一颗政治新星冉冉升起,此人就是司马昭。

到了公元263年司马昭执政时,他准备一举灭蜀。

面对魏军强势的攻击,蜀国基本上没有还手的余地。不多时,魏国就占领了蜀国多座城池。

等到邓艾一路攻到阴平一带时,钟会合并了诸葛绪的人马,魏国的兵力已经是势不可挡了。

这时,钟会下令攻占剑阁。

而蜀军统帅姜维,面对来势汹涌、势在必得的魏国军队,竟然硬是带着将士,凭着剑阁险要的地势,顽强地抵挡住魏国大军的进攻。

蜀道难于上青天,正是凭着地利的优势,姜维终于保住了自己的领地。

而魏国这边虽然兵力强盛,却要面临大量粮草供应的问题。

几次攻不下蜀国,魏国军队缺了粮草,也只好退兵了。

就在钟会领着大批兵马无功而返的时候,遇上了从阴平赶过来的邓艾。

钟会的十三万兵马对上邓艾的三万兵马,显然邓艾处于劣势,没什么发言权。

可邓艾也有自己的想法,他在心里暗自盘算:既然剑阁过不去,能否找到别的通道可直通蜀国都城呢?他派出探马查明地形环境,终于选出了一条能够通往成都的小路。

不过这条小路不仅四面都是奇山峻岭,而且已经荒废三四百年了。

面对这样一条小路,邓艾反而开心起来。在他看来,正是这样几百年无人行走的小路,才不会被人注意,假如魏军从此路通过偷袭成都,必然能打得蜀军措手不及。

有了计划以后,邓艾便赶到剑阁,将自己的想法告诉钟会。

钟会对邓艾这样一个异想天开的主意根本不屑一顾,却任由邓艾去实施,想看邓艾出丑。

邓艾在钟会面前碰了一鼻子灰，自然心里也不高兴，决心非要办成此事。他派儿子邓忠率五千名精兵，手执斧头、铁凿，做开路先锋。然后自己亲自带领大军，带着备好的干粮、绳索跟在后面。

这一路的艰辛难以想象，邓艾三万大军到最后只剩下二千余人。

最终，邓艾正是凭借着这样一支英勇无畏的军队出现在成都城外。

蜀国皇帝刘禅想要调回剑阁姜维的军队已经来不及，只能出城投降。

小提示

此计全称为"明修栈道，暗度陈仓"，原是楚汉战争时韩信运用的一个计谋。此计适合在我方不便正面进攻，而另有可"渡"之路的情况下使用。一明一暗，使敌人不能正确判断我方的意图，从而达到出其不意的效果。钟会虽瞧不起邓艾，可在明处扮演了"明修栈道"的角色，使邓艾的"暗度陈仓"之计得以进行。

载歌载舞给你看
——空城计

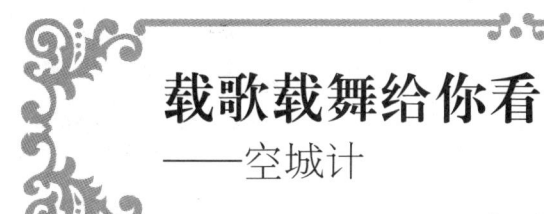

　　古人用计大多只动用脑子让别人付诸实践,而曹操用计不仅用脑子,还会让自己深入计中,可谓是有谋又有勇,叫人钦佩有加。

　　人们总说,人有失足,马有失蹄,即使是聪明绝顶的曹操也有指挥出错的时候。

　　公元195年,曹操把军队派出去收割麦子,吕布得知消息,忙不迭地率领军队杀了过来。

　　当曹操听到士兵来报,说吕布带着数万大军朝他们的方向而来时,曹操的身边没有一名大将,只有一些文员,而士兵也只有二千五百人。

　　这个消息令大家惊慌失色,都在想这下完了,该如何是好。

　　可曹操却不慌不忙地登上城楼,一看果然尘土飞扬,吕布带着大军分路朝着城池奔来,当即命令手下说:"大家不要慌张,将城中的旗帜都藏起来,士兵不可随意走动,不准高声讲话,有违令者杀。将四个城门大开,把随军的家属全都叫过来,要求她们盛装打扮。等到吕布来了,我自然有对策。"

　　这样的命令,令官员们大惑不解,可又没有其他办法,只能听命行事。

　　就见曹操指挥着随军家属,开始在城墙上莺歌燕舞起来,等着吕布的军队到来。

　　吕布来到城门下,见曹操一袭长衫,在城上盘膝而坐,观赏歌舞,十分沉醉。再从城门向城里看去,除了一些打扫街道的百姓,竟然没有别人。

　　吕布本就是多疑的人,看到这样的情况,以为城里会有重兵埋伏,就掉头回到大军前,命令部队立刻撤回去。

　　有的将领大惑不解,问道:"为什么要退回去?曹操一定是在演戏骗我们的。"吕布本来也有点怀疑,可看到城外有一片深树林,心想:"曹操这个人老奸巨猾,不可能冒这样的险,他肯定把精锐部队埋伏在树林里,若是我们就这样闯了进去,那便中计了。"

　　于是吕布对手下人说:"你不懂,还是赶快撤退吧!"

　　曹操站在城楼上看着远去的敌军,哈哈大笑。

当他下了城楼，各官员立即上前问道："吕布带领数万大军前来，刚到城门口，为何见了主公就掉头回去呢？"

曹操看了看众人，缓缓说道："吕布这个人，知道我这一生做事谨慎，不去冒险，看见我这样悠闲镇定，城门又大开着，必定认为城中会有重兵埋伏，等着他进来，所以便掉头退了回去。"

原来如此，众官员恍然大悟。

接着，曹操又说道："其实我也不想这样，一点都不保险，只是不这样做也没有其他的办法了，赌一把还有赢的机会。"

众官员当即对曹操敬佩地说："主公真是神机妙算，好计谋啊！如果是我们，必定会带着属下弃城而逃了。"

曹操说："我们只有二千五百人，如果弃城而逃，很快就会被抓住，结果是一样的。"

曹操的一席话，赢得官员们连连称赞。

而另一边率军无功而返的吕布，回去思前想后都觉得不对劲，不死心的他第二天再次率军来攻打曹操。

可是这次，曹操的伏兵真的藏在树林里了。

小提示

《三国演义》中，虚构了一出诸葛亮使用"空城计"骗司马懿的戏码。但真正的"空城计"发生在曹操与吕布的一次交战中，因兵力奇缺，急中生智想出的。只不过《三国演义》贬低曹操，这才让诸葛亮抢了功劳。

战役篇
烽火连年战不休

曹操这次太没面子了
——赤壁之战

三国里面发生过很多精彩的战役,"赤壁之战"是众多精彩战役中最引人入胜的一个。这是曹操举兵以来,打过的最没有面子的一场仗。也正是这场战役使得三国得以鼎足而立,曹操战败北退,孙、刘两家分占荆州,休养生息,还给后世的我们留下了"舌战群儒"、"草船借箭"、"蒋干盗书"等一系列精彩好玩的故事。

东汉建安十三年,也就是公元208年,曹操大致统一北方,又于同年七月挥师南下,夺取荆州。只可惜曹操大军还没到,年老体衰的刘表就呜呼哀哉,他的儿子刘琮将荆州拱手让给了曹操。

而当时屯兵樊城的刘备也只好仓促率军南撤,退军途中派诸葛亮赶赴柴桑会见孙权,说服孙权结盟抗曹。

轻松取下荆州以后,曹操聊发少年狂,给孙权写信说,现在荆州已经被我拿下了,过几天就要去你们东吴围猎,孙将军有没有兴趣陪我一起玩啊?

古时候的人比现在要君子得多,打仗也打得很君子,打仗之前,会先跟你说。

曹操也一样,攻打孙权之前先跟孙权说,我就要去打你了,带着我的八十三万弟兄,你在家里做好准备。

孙权一看信,自然是气不过,你这不是摆明欺负我吗?我江东子弟数十年的基业,岂容你曹阿瞒如此戏弄。然而,自己掰着指头数一数,奈何曹军人数众多,就召集文武百官商讨对策。

结果,大家一边倒地说投降。

孙权见这些人指望不上,就命人召回远在潘阳的周瑜。

周瑜到了,决定抗曹,理由有三:一、曹操虽然号称八十万大军,但这个数目可能有灌水,再说北方并未平定,关西还有韩遂、马超等人,曹操不可能倾巢而出;二、北方人不善水战,而江东坐拥长江之险,如若水战,曹军虽多,却不一定会赢;三、曹操远道而来,粮草一定匮乏,无法进行持久战。

周瑜的一番分析,大大增强了孙权抗击曹操的决心。

曹操拿下荆州以后,开始对刘备下手,一日一夜连追三百余里,刘备不敌,只好

战役篇　烽火连年战不休

和孙权结盟。

就这样,曹军和孙、刘联军在赤壁摆开了战场。

当时曹操虽号称八十万雄师,但一部分驻守大本营外,北方军大概十五六万,而攻下荆州后又收复荆州兵,大概七八万,总共二十余万。江东方面,周瑜、程普的兵大概三万左右,虽然联合了刘备,但刘备手下兵力也不过一万,再加上刘琦从荆州带来的一万人马,合计不过五万。

而导致"火烧赤壁"的直接原因,还是曹操军队不善于水战,将战船用锁链锁起来,最后黄盖配合火攻之计,把曹军打得大败而回。

这次战争真正的主角是周瑜,诸葛亮只是参与者而已。

曹操兵败后,曾致信给孙权说:"赤壁之役,值有疾病,烧船自退,横使周瑜虚获此名。"这虽然是曹操要面子的说法,但也反衬出周瑜是赤壁之战的主要功臣。

至于诸葛亮在此次战役中到底发挥了哪些作用,正史并无记载。

诸葛亮本传也只是记述他与吴军一起出发,到刘备处后与东吴方面"并力拒曹公"。

小提示

赤壁之战,曹操虽然犯了很多兵家大忌,但孙、刘联军也未必有必胜的理由。历史上真实的赤壁之战,如今还是一个并没有得到完整解答的谜。但孙、刘联军的勇气,还有周瑜、鲁肃、黄盖、诸葛亮等人共同拒敌的谋略故事,却一直被后世的人们津津乐道。

后院还真的起了火
——官渡之战

袁绍出身官宦世家,其名为"四世三公,名满天下",其势为"门生遍朝野,世交布海内",其地为"天下九郡拥其四"。

起初,他的来头很大,气势很猛,很快就成为十八路诸侯的盟主。可是在讨伐董卓这样投资规模巨大的行动上,袁绍除了一个"盟主"的虚名外一无所获,而曹操则积累了军事统帅的经验,孙坚还获取了传国玉玺。

董卓被灭后,联军也就失去了讨伐的目标,顿时有点不知所措。

袁绍本以为机会来了,自己可以顺理成章地成为朝廷帮掌门人。没想到十八路追随自己的诸侯,各怀鬼胎,一看董卓死了,纷纷自立门户,争抢胜利果实。

其中最有野心的就是曹操,他直接把皇帝抢回家去,与袁绍公开叫阵,对着干。

建安五年(公元 200 年),曹操在官渡迎来了他一生中最强大的对手——袁绍。

袁绍祖辈都在朝廷做大官,他的高祖父袁安是司徒,祖父袁汤是太尉,父亲袁逢是司空,门生故吏遍布天下,加之袁绍取得冀、并、幽、青四州,实力大增,有军队数十万人。

无论是从哪个角度来看,袁绍几乎是不可能战胜的。

其实曹操也意识到了这一点,他在黎阳与袁绍相持时,本想退兵日后再作打算,荀攸献计说:"敌人兵多,我们人少,不能跟他硬拼。不如分一部分人马往西在延津一带假装渡河,把袁军主力引到西边。我们就派一支轻骑兵到白马,打他个措手不及。"

曹操依计行事,果然大破袁军,斩杀袁绍的大将颜良。

建安五年八月始,两军再次相持于官渡,双方互有胜负。

曹操此时军中缺粮,想放弃作战,就写信给许都的荀彧。

荀彧提醒曹操说:"在战争双方都疲惫不堪时,谁后退谁被动,谁放弃谁灭亡。"

曹操只好咬牙坚持,寻找时机。

有句话说得好,最坚固的堡垒往往最容易从内部攻破,在曹操一筹莫展的时候,上天给他送来了许攸。

当时，袁绍的谋士许攸探听到曹操缺粮的情报，就向袁绍献计，让他派出一部分军队绕过官渡，偷袭许都，可是袁绍不理睬。

恰好这时，有人从邺城送给袁绍一封信，说许攸家里的人犯了法，已经被当地官员逮了起来。袁绍看了信，把许攸狠狠地责骂一顿。

马屁没拍成，还挨了一顿臭骂，许攸一气之下投奔了曹操。

曹操见许攸来了大喜过望，光着脚亲自出迎。

许攸坐下来，问："曹公，现在你们的粮食还有多少？"

曹操说："还可以支持一年。"

许攸冷冷一笑，说："没有那么多吧！"

曹操改口说："只能支持半年。"

许攸装出生气的样子说："您难道不想打败袁绍吗？为什么在老朋友面前还要说假话呢！"

曹操只好实说："军营里的粮食，只能维持一个月，您看怎么办？"

许攸说："我有一计，袁绍在乌巢有大量的粮草物资，只要将其烧毁，袁绍必败！"

曹操听了许攸的建议，亲自率领精锐步骑五千人偷袭乌巢。

正在官渡的袁军将士听说乌巢起火，都惊慌失措。

袁绍手下的两员大将张合、高览带兵投降，曹军乘势猛攻，袁军四下逃散。

袁绍和他的儿子袁谭，连盔甲也来不及穿戴，带着剩下的八百多骑兵向北逃走。

经过这场决战，袁绍的主力已经被消灭。过了两年，袁绍病死。

曹操又花了七年的时间，扫平了袁绍的残余势力，最终统一了北方。

小提示

官渡之战，经过一年多的对峙，最终以曹操的全面胜利而告结束。曹操以两万兵力出奇制胜，击破袁军十万，这成为中国历史上以弱胜强、以少胜多的典型战例。

挑不对时机斗气
——夷陵之战

夷陵之战,又叫作彝陵之战、猇亭之战,它是三国时期蜀汉昭烈帝,也就是刘备发动的一场战争。

想必那时刘备已经当了老大,得到了一些,还想要更多,所以就盯上了东吴的地盘。

按照现在的话来说,刘备属于侵略者,而东吴属于被动挨打者,所以这场战争也是中国战争史上一次著名的积极防御成功的战例。

打仗需要名正言顺,刘备给的理由是:自己的大将关羽被东吴的人砍了脑袋。

就这样,在任何客观条件都不具备的情况下,刘备倾巢出动,贸然去攻打东吴,最后被打得屁滚尿流。

这一惨案的发生,直接要了刘备的小命,导致西蜀政权逐渐衰微。

话说,章武元年(公元221年)七月,也就是刘备称帝三个月后,刘备以替名将关羽报仇为由,挥兵东征东吴孙权,气势强劲。孙权为了避免与刘备开战,私底下求和了数次,不仅如此,还派人送去了求和的御书。

"大汉皇帝陛下,看在我们相交多年的面子上,你大人有大量,就放过我吧!"

"不行!"

"我可以割让城池?"

"不行!"

无论孙权如何费尽口舌,百般讨好,刘备就两字:不行。

孙权见求和不成,奋起应战,他任命右护军、镇西将军陆逊为大都督,统率朱然、潘璋、韩当、徐盛、孙桓等部共五万人开赴前线,抵御蜀军;同时又遣使向曹丕称臣修好,以避免两线作战。

陆逊上任后,为了避开蜀军的锋芒,就将战线后撤到夷陵、猇亭一带,转入防御。

从正月到六月,两军仍然相持不决。刘备为了迅速同吴军进行决战,曾频繁派人到阵前辱骂挑战,但是陆逊均沉住气不予理睬。

后来，由于刘备犯的一个常识性错误，命蜀军在山林中安营扎寨以避暑热，这让陆逊逮到大好机会，一把大火烧得蜀军溃不成军，大量士兵死伤和逃散，车、船和其他军用物资丧失殆尽。

　　陆逊这个人很有军事才华，但因为是孙策的女婿，往往被人误解，以为是裙带关系才当上大官，没有什么真才实学，直到吴蜀为争夺荆州发生冲突，才崭露头角。

　　陆逊火烧连营的成功，更是决定了猇亭之战蜀败吴胜的结果。

　　此战，刘备军几乎全军覆没，阵亡数万人，《傅子》更是记载吴军消灭蜀汉军八万余，刘备仅以身免。

> **小提示**
> 　　东吴守住了荆州，而蜀汉受到重创，元气大伤。此战两国实力都受到影响，为双方日后消除矛盾、共同抗魏奠定基础。

张辽的"对手戏"
——合肥之战

三国故事之中有许多著名战役是以地名命名,合肥之战就是其中之一,奇怪的是这场战役没有胜负。

玩过棋的人都知道,没有胜负有两种含义,一是平局,二是悔棋。

合肥之战是东汉末年至三国时期,孙权和曹操以合肥这个地方为目标的争夺战。

合肥是曹操让刘馥修建的一座重要壁垒,主要作用就是抵御东吴的进攻,而孙权想要北伐,合肥也是其中的一个障碍点和补给点。

公元208年到公元253年间,在合肥爆发了五次较大规模的军事冲突,而最重要的一次,也是最关键的一次,是在第二次。

就是第二次博弈,双方打成了平局。

公元215年,也就是建安二十年,曹操征讨张鲁,派护军薛悌送函到合肥,上面写着"等敌人进攻的时候再打开"的字样。

孙权见曹操在汉中,无暇东顾,就在同年八月率十万人出征合肥。

见东吴军队前来进攻,守卫合肥的张辽等人打开曹操信函,只见信上写着:"若孙权军来到,张辽、李典两位将军出城迎战,乐进将军守城,护军薛悌不要出战。"

因敌我兵力悬殊,众将都对此指示感到疑惑。

张辽说:"主公正率军在外作战,等他回师救援时,孙权的军队必定已攻破城池。所以他才指示我们,要在敌军集结完毕前反过来攻击他们,先挫败敌人的气势,以安定军心,然后可以顺利守城。"

李典认同张辽的意见,二人募集八百精锐之士,天还未亮,就冲入孙权的营寨。

交战之初,张辽和李典就率众砍杀了敌军数百人,还斩了东吴两个将领,逼近孙权的军帐。

孙权大惊,急忙登上山顶,命令手下人以长戟自守。

张辽喊道:"孙权,你这个胆小如鼠的家伙,躲在上面算什么本事,敢不敢和我斗一场。"

孙权不敢应战，他看见张辽率军甚少，就令士兵将张辽等人团团围住。

张辽和麾下数十人突围而出，其余手下呼唤道："将军，难道您要抛弃我们了吗？"

张辽听后，再度冲进包围圈，救出其他人。

这一战，张辽与李典率领敢死队从清晨冲杀到中午，东吴军队"人马皆披靡，无敢当者"。更神奇的是，张辽此次带出的八百人，不是曹魏擅长的骑兵，而是步兵。曹丕在后来追念张辽、李典的诏文里，就清楚地写道："合肥之役，辽、典以步卒八百，破贼十万。"

此战过后，合肥的曹魏守军士气大振，对张辽更是佩服不已，全军上下一心一意修筑工事，坚守城池。

小提示

　　第二次合肥之战，张辽可谓威震东吴，令孙权心有余悸，即便是在许多年以后，张辽已经年老生病，孙权仍称："张辽虽病，不可当也，慎之！"

《隆中对》预言成真
——益州之战

三国之中,诸葛亮算是一位神人,上知天文,下知地理,无所不能,按照道教来说算是个半仙。可是这样一个仙人按理说是不管人间是是非非、恩恩怨怨的,可是也不知道刘备交了什么狗屎运,竟然请到这位"半仙"出山。

诸葛亮除了研究天下局势,还喜欢写些东西,以现代话来讲,算是科研写作两不误,而《隆中对》便是其中之一。

《隆中对》又名"草庐对",时间背景发生于公元207年冬天至208年春天。当时驻军新野的刘备在徐庶建议下,三次到隆中拜访诸葛亮,在最后一次见面中,诸葛亮便为刘备分析了天下形势,所说的那一番对话就是《隆中对》。

《隆中对》的核心思路就是:如今大汉已经进入一个不问皇帝死活、纷纷抢占地盘的时代了,这个时候的当务之急是给自己也弄到一块;不管你是不是要"信大义于天下",也不管你那个"光复汉室"是真是假,没有根据地,都是扯淡!

于是,诸葛亮就怂恿刘备抢夺他本家兄弟刘表和刘璋的地盘——荆州和益州,抢了这两块地盘,就有了立脚的根据地,这样才能和曹操、孙权称兄道弟,分得一杯羹。

就这样,刘备和诸葛亮制定了"先取荆州为家,再取益州成为鼎足之势,后继而图取中原"的战略构想,而益州之战的成败也成了关键。

益州之战是东汉末年,刘备为了夺取益州与刘璋发生的战争。自从赤壁之战以后,刘备有了荆州,但是为了尽快实现当初的计划,刘备开始琢磨怎么拿下益州。

当时守卫益州的是刘璋,刘璋没有多少能力,也没有多大本事,但是心地仁厚,在三国中算是个没有智慧的好人。

好人总是被欺负,刘璋受制于据守汉中的张鲁,聪明又很强大的曹操看上了汉中,对蜀地也构成了极大的威胁。

刘璋也是个聪明人,在这内外夹击的时候切不可树敌太多,于是选择了求和,还给出非常丰厚的条件——刘备可以进城。这条件实在诱人,刘备也就接受了。可是没多久,也就是建安十七年,两人决裂,起了战争。

【隆中对】

　　刘璋派部将刘璝、冷苞、张任、邓贤、吴懿等抵抗刘备,结果一一被击败,退守绵竹,吴懿向刘备大军投降。

　　刘璋又派护军南阳人李严、江夏人费观,统帅驻在绵竹的各路军马,但李严、费观也率领自己的部下向刘备投降。

　　没有办法,刘璋、张任与刘璋的儿子刘循只好退守雒城。

　　刘备围攻雒城近一年,手下的军师庞统不幸被流矢射中而死。刘备大怒,猛烈攻击雒城,守将张任率军出城,在雁桥与刘备军大战,最后被杀。

　　这时,法正写信给刘璋,分析了形势强弱,说:"刘备来势凶猛,不如投降,以保住家门的尊贵。"

　　刘璋未予答复。

　　刘备攻破雒城后,进而包围了成都,此刻,诸葛亮、张飞、赵云也率兵前来会合。

　　刘璋被围困在城中,还有精兵三万人,粮食和衣服可以支持一年的时间,正打算死守之际,突然听说张鲁的大将马超投降了刘备,也来到成都的城下。

　　马超来了,成都城内的人非常震惊,心中恐惧。

　　刘备包围成都数十天,派从事中郎涿郡人简雍进城劝降刘璋。

　　刘璋没有办法,只好命令打开城门,和简雍同乘一辆车出来投降。

> **小提示**
> 　　刘备夺得益州后,孙权向刘备索还荆州,刘备说:"我得到凉州后,定当将荆州给你。"孙权因而愤恨,派吕蒙袭取长沙、零陵和桂阳三郡,破坏了孙、刘联盟,也种下日后孙权命吕蒙袭取荆州的祸根。

"诈尸"得胜
——濮阳之战

三国里的能人，真是八仙过海各显神通，有吓跑敌人的，有气死敌人的，有拖死敌人的，同样还有"诈尸"赢的。

濮阳之战便是其中之一。

东汉末年，朝政特别腐败和混乱，皇帝昏庸，老百姓没有好日子过，肯定会有很多的牢骚。如果逼急了，就不仅仅是牢骚，而是出现大量农民起义和地方势力割据混战的局面。

在混战当中，曹操因为比较善于用人，比较"慷慨仁慈"，对人才更是"疼爱有加"，所以他广招贤士，势力发展得特别快，很快就在兖州建立了根据地。

公元194年四月，张邈、陈宫勾结吕布造反，吕布袭破兖州，占据濮阳。曹操听说发生内乱，什么也顾不上了，直接奔向自己的根据地，处理内乱。

同年八月，曹操率军进攻濮阳，吕布出兵迎战。

吕布是个很有能力的将领，但是心术不正，没有智谋，属于有勇无谋的小人类型。这时，曹操就开始计划，对付小人，他是很有办法的。

一开始，曹操想在夜间攻进去，但是失败了，吕布居然有防范，最后曹操被围追堵截，幸有乐进、典韦拼命冲杀，才得脱困。

接着，吕布与陈宫合谋，让濮阳城中的大富商田氏假装诈降，引曹操进城。

曹操果然中计，率兵杀入城来，还没到郡府，就见伏兵四起，喊杀声震天。曹操见中计了，急忙向北门撤退，不想被截杀，又趋南门，还是被拦阻，只好拨转马头，望东门奔去。

这时，东门城楼大火燃起，幸亏典韦来救，曹操才冒着烈火浓烟冲出东门，但左臂已被烧伤。

吕布获胜，沾沾自喜，以为曹操已经命丧火海。

曹操决定将计就计，假装死亡，这也就是后来的"诈尸"。

为了让吕布相信，他命令全部手下都要挂孝发丧，然后派重兵埋伏在军营周围，等着吕布来偷袭。

果然，吕布好大喜功，真的相信了，结果被团团围住，折损了很多兵马，自己也差点小命不保。

不过吕布就是吕布，虽然没有脑子，但是能打，逃出去后依旧和曹操对着干。没想到在这一年的秋天，吕布逃过了曹操的围堵，却没有逃过天荒。蝗虫突然而至，吃了全部的庄稼，没有了粮食，战士无法打仗。吕布一看没办法了，心想，留得青山在，等我有了给养，再来和你曹操一决生死。

可曹操并没有给吕布机会，就在公元195年春天，曹操重整旗鼓，收复兖州失地，先下定陶，继克巨野，杀死吕布手下大将李封、薛兰，接着收复濮阳，吕布战败。

正所谓一物降一物，你以为自己的计谋最完美，但还有比你更加厉害的。

小提示

此战过后，吕布率残军向东南逃去，降奔徐州刘备去了。这时东郡兖州尽归曹操所有，朝廷正式任曹操为兖州牧。

大意失荆州
——襄樊之战

在利益面前没有永远的朋友，在这大大小小的战争中，总会让人看透人性的反复和同盟之间的脆弱。

襄樊之战，也叫作关羽北伐，或者荆州争夺战，指的是在建安二十四年，刘备的部将关羽率兵从荆州南郡出兵，进攻曹魏，占据襄阳、樊城等地的一次重要战役。

在赤壁之战后，关羽被刘备敕封为襄阳太守。没几年，刘备先后几次打败曹操，迫使曹操退出汉中，关羽身价自然水涨船高，被封为前将军，假节钺。连连升官而不做实事的关羽坐不住了，他趁着曹操将襄、樊二地的守军大量调到合肥去防守吴军的时候，亲率大军北上攻取襄樊。

但是襄阳、樊城隔汉水相对，互成犄角，是曹军抗拒南军北上的战备要地。当时魏征南将军曹仁驻守樊城，将军吕常驻守襄阳。曹操从汉中撤军到长安后，又派平寇将军徐晃率军支援曹仁，屯于宛城。樊城之战开始后，曹操又派左将军于禁、立义将军庞德前往助守，屯驻于樊城以北。此时的襄樊还真不是那么容易就能拿到手的。

后来，关羽在樊城以北放水，一举淹了曹操七路人马，而且斩杀了曹操的爱将庞德，让曹阿瞒着实心疼了好几天。樊城的大捷给了关羽无限动力，认为手执"青龙偃月刀"，骑着"赤兔马"就天下无敌了。他乘胜围攻樊城，并以一部兵力包围襄阳。

哪知曹操的谋士满宠教给曹仁抵御之法，让曹仁坚守不出，导致关羽军虽乘船猛攻，一时仍不能下。

这时，孙权的手下吕蒙对孙权说："主公，关羽征讨樊城的时候，留下了很多军队在荆州防守，一定是害怕我们从后面攻击他。不如将我方边界上的守军大量减少，关羽知道后一定会放松警戒，撤走一部分防备我方的军队，这样我们就有机可乘。"

紧接着，名不见经传的陆逊自荐驻守攻打荆州前线阵地。为了说动关羽，他亲自写了一写信，一番歌功颂德的马屁之后，暗示自己仰慕英雄已久，欲来投靠之意。

关羽看过信，心花怒放，自以为老子天下第一，仅靠自己的威名就能镇守后方，于是率领大军北伐曹魏，致使后方空虚，给了陆逊可乘之机。

这还不算，关羽更大意的失策，就是用人不当。他率大军北伐，却把自己的基地江陵，留给能力平庸的傅士仁等人把守。这些人供应前方军需都常常出错，何能担此重任？关羽不仅没有及时更换人员，还动辄威胁他们军法伺候，致使二人遂生叛逆之心，从内部瓦解了关羽的力量。所以，陆逊一到，不费吹灰之力，就轻易拿下了江陵。

陆逊拿下江陵后，关羽不仅没有命令大军急行赶回基地，反而带着大军，慢慢悠悠地一路行来，如同游山观景的游客。他还天真地派使者同陆逊谈判，致使陆逊抓住机会安抚百姓，策反军队，使得关羽的部队军心涣散，一路开小差的士兵络绎不绝，最后，关羽父子只好败走麦城。

孙权派人诱降，关羽命人把幡旗做成人像立在城墙上，然后逃遁，士兵也都跑散了，跟随他的只有十余名骑兵。

孙权已事先命令朱然、潘璋切断了关羽的去路。

十二月，潘璋手下的司马忠在章乡擒获关羽及其儿子关平，斩其首。

小提示

　　从关羽自身的条件来看，他具备足够的军事才能和资历，而且又是刘备的死党，忠诚更不成问题。但是关羽缺乏政治头脑和领导才能，对外不能纵横捭阖，对内不能凝聚人心。简而言之，关羽守荆州，迟早会把荆州丢掉。

就连"鸡肋"也吃不到
——定军山之战

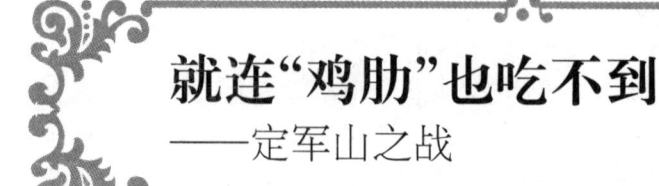

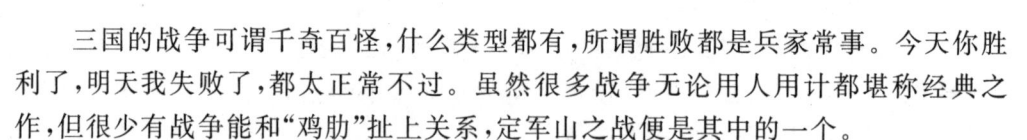

三国的战争可谓千奇百怪,什么类型都有,所谓胜败都是兵家常事。今天你胜利了,明天我失败了,都太正常不过。虽然很多战争无论用人用计都堪称经典之作,但很少有战争能和"鸡肋"扯上关系,定军山之战便是其中的一个。

鸡肋,顾名思义就是食之无肉、弃之可惜的鸡肋骨,用来比喻一件事情坚持下去没有意义,但是如果就这样放弃了也多少有些可惜。

这话是曹操说的,当时他不得不以"鸡肋"比喻这次争夺战,最终遗憾退场。

建安十九年,也就是公元214年,刘备打败刘璋,攻克成都后不久,曹操也乘胜追击,一举攻占了汉中。

汉中与蜀都唇齿相依,刘备如果不控制汉中,他的京师成都就时刻受到曹操的威胁。

被人掐着喉咙的感觉果真不好受,于是刘备就在建安二十二年发起了汉中争夺战。他率先进入汉中西面的门户——阳平关,也就是今天陕西勉县西,与曹军守将张合一决高下。但阳平关一战并没有取得突破性的进展,刘备进攻虽然猛烈,但张合防守顽强,没有让刘备占到便宜。

后来,刘备听从了法正的建议,率军强渡沔水,直插定军山,占据了有利的地形,曹军夏侯渊来争,定军山之战就此打响。

此前,张合统兵进攻张飞镇守的巴西,被张飞击败,几乎是全军覆没,只身逃回定军山。

夏侯渊本想坚守,但法正设计夺取定军山对面的高山,使曹军失去地利,迫使夏侯渊主动出击。

刘备手下大将黄忠又以逸待劳,一举击败定军山上的曹魏守军,夏侯渊也阵亡于乱军之中。张合留守的大营兵力微薄,抵挡不住,撤往汉中,定军山失守。

这个时候,曹操终于坐不住了,不得不在公元219年三月亲自率军出征,想要夺回汉中,挽回败局。

可是曹操到了汉中与刘备相持月余,损兵折将,魏将王平也投靠了刘备。曹操

战役篇　烽火连年战不休

觉得汉中争夺战已无利可图,以"鸡肋"相喻而撤出汉中守备军团,期间杀了自作聪明的杨修,抱憾撤离了汉中战场。

> **小提示**
>
> 　　正如曹操在汉中所言,他完成了荆州、汉中的争夺战后,未能一举发动益州的争夺,是不明智的。
>
> 　　这样的战略部署后果导致刘备最终在巴蜀立稳脚跟,进而为保障川中的地盘,转向汉中等地发动进攻,从而延伸了刘氏集团在西南以及长江中下游的势力范围,为最终三国鼎立的格局奠定了基石。

死诸葛吓走活仲达
——五丈原之战

强弩之末不能穿缟素,何况要征讨实力远远超过蜀国一大截的曹魏,如此自不量力、自讨苦吃的事情,诸葛亮却要一条路走到黑。

刘备在临死前授予了诸葛亮无上的权力,并要刘禅把他当成父亲。为了不愧对老板的"托孤重任",诸葛亮只有没日没夜地拼命了。于是,大事也管,小事也管,该管的管,不该管的也管,搞到最后,自己忙得要死,而其他的管理人员则闲得要死。

难怪他最大的对手司马懿判断他活不长了,每天工作二十个小时,忙的都是鸡毛蒜皮,不注意休息,饭量又极小,怎能活得长久?不仅如此,他还死不认输,如果一次两次出祁山,还可以理解,可是一而再、再而三地重复一件事,直到累死,怎么说也令人想不通。没有经验有教训,没有教训还有古训,最终在一棵树上吊死了,这种牛脾气不服不行啊!

每一次出祁山,司马懿都能抓住诸葛亮的软肋,不与其斗智,耗的就是国力,直到耗尽他最后一丝力气,坐收老天派发的红利。

当然,聪明的诸葛亮就是死,也不会轻易让司马懿占到便宜。

五丈原之战之所以流传下来,被后人津津乐道,就是因为诸葛亮的奇谋。他真是天下奇才,一个连死都能算到的人,不得不叫人佩服。

公元231年,诸葛亮第四次北伐,蜀军粮尽退兵。在之后的几年里,诸葛亮劝农习武,作木牛、流马,运米粮到斜谷口积蓄。又住在斜谷的邸阁,与老百姓一起休养生息,养精蓄锐,准备在此出征北伐。

公元234年,诸葛亮第五次北伐,是由汉中出发,取道斜谷,穿越秦岭,进驻了五丈原。

任凭诸葛亮多次挑战,曹魏的主帅司马懿就是不出战。

诸葛亮派人把妇女用的头巾和衣服送给司马懿,为的是取笑他,谁知司马懿根本不吃这一套。

当月,诸葛亮在军中去世,长史杨仪整顿军队开始退兵,魏军的探子报告司马

懿，说五丈原蜀营已空无一人。

　　司马懿听说诸葛亮已经死了，就率军来到五丈原，发现蜀营果然空了。他唯恐蜀军撤走，赶紧带领人马向前追杀而去。忽然间，蜀军掉头杀了回来，只见中军"汉丞相武乡侯"的大旗飘动，这可吓坏了司马懿，以为又中了诸葛亮的诡计，立刻下令撤回大营。

　　后来，司马懿得知诸葛亮确实死了，蜀军已全部退回汉中，不由得后悔不已。

　　由此，蜀地便流行一句俗语："死诸葛吓走活仲达。"

小提示

　　死诸葛吓走活仲达的事迹，当成故事来读，显然生动有趣，但作为政治军事事件来看，就是一个悲剧了。一个国家或一支军队，只能靠个人的余威来吓退敌人，那离失败也就不远了。

大一统
——晋灭吴

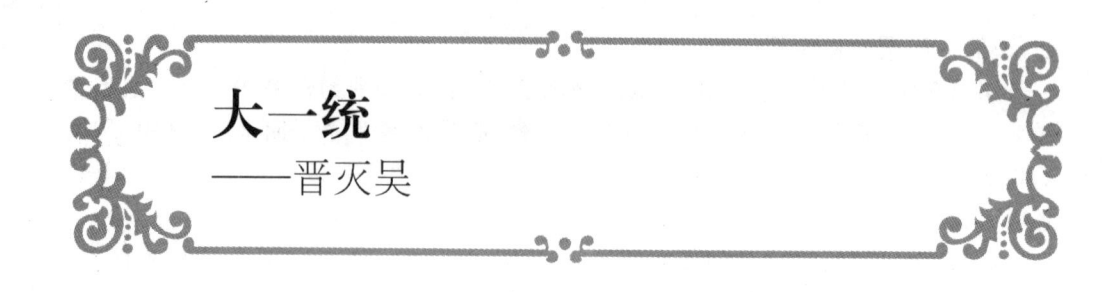

公元263年，司马昭一举灭蜀，使司马氏势力达到了巅峰。

而魏国这边，从刘姓汉室夺来的江山最终也面临被司马氏夺走的危险。终于在公元265年8月，司马昭病死，其子司马炎将曹氏的代理人从皇位上踢了下来，从此曹魏政权变成了司马氏的晋国，亦称为西晋。

蜀国、魏国相继灭亡，此时天下变成了东吴和晋朝的对峙。

晋朝吞并东吴的计划，已经运作很久，这个计划就是由著名的人物羊祜执行的。

羊祜假节都督荆州诸军事，与吴国名将陆抗相持。他在荆州地区的备战相当充分，不仅积极训练士卒，制造兵器，还推行亦兵亦农政策，屯田积谷，使"军无百日之粮"的襄阳，到伐吴之前积谷已足够十年之需。同时，推行分化瓦解吴国人的政策，羊祜的部队行军路过吴国边境，收割田里稻谷以充军粮，会用绢来偿还。打猎的时候，羊祜的部下也从来不越过边界线，如果有禽兽先被吴国人所伤，而后被晋兵获得，他都送还对方。即便是吴国军队的主帅陆抗生病了，羊祜也会派人送药医治。这些做法，使吴人心悦诚服，十分尊重羊祜，不称呼他的名字，只称"羊公"。

羊祜死后，司马炎又派名臣杜预为镇南大将军，都督荆州军务，继续加紧准备攻吴。而另一得力战将王浚为益州刺史，在蜀地训练水军数万，大造舟船，为顺江而下伐吴积极创造条件。

不过，当年曹操赤壁大战的惨痛教训犹然在目，司马炎有了教训也不敢轻易进攻东吴，可他统一中国的念头从来都没有歇止。

灭吴大计暂时需要搁置，但司马炎也没闲着，而是采取措施整顿内部，加强恢复战后经济，他还特意厚待归降的蜀国君臣，以此稳定巴蜀之众。

东吴这边，早年因为后宫争斗已经搞得朝廷乌烟瘴气，到了公元264年，孙权的孙子乌程侯孙皓被迎立为帝，情况更加不可收拾。

在玩政治权术上，孙皓显然不如司马炎。他是一个只会吃喝玩乐、骄奢淫逸的家伙，并且凶恶残暴，滥杀无辜，致使众叛亲离，尽失民心。

战役篇　烽火连年战不休

他坐稳江山后便露出豺狼本性,把拥立他的家臣张布夷灭三族,然后笑嘻嘻地对他的宠妃张美人(张布之女)说,你知道你爹到哪里去了吗?张美人痛不欲生破口大骂,孙皓便叫人用乱棍将她打死。后来,他又想念张美人,便叫人把张美人已出嫁的妹妹抢来,昼夜摧残。为了淫乐,他下令皇亲国戚和大臣所生的女儿,到了十五岁都要让他过目,看不中的才能出嫁,否则就是欺君。他还在宫中挖了一条河,哪个宫女被他玩够了或是犯了错,就杀掉扔入河中让水冲走,这样的事情几乎天天都在发生。

孙皓还深知酒后吐真言这句话的奥妙,常常大宴群臣,把他们全部灌醉,又安排十个人当纠察官,酒宴结束,就让这些纠察官举报大臣们喝酒时犯下的过错,然后将这些犯错的大臣剥皮挖眼。

孙皓如此荒淫无道,吴国上上下下都觉得很快就要亡国了,但孙皓自己却不这么看,虽然如此无道,却不妨碍他拥抱伟大的梦想。他梦想有一天,能够打到长江对岸去,消灭晋国,统一中国。

但美梦终究是美梦,总有醒来的一天。

公元280年正月,司马炎开始向东吴发起进攻,等到接连攻下几座主要城池以后,东吴将领对孙皓的失望再也无法平息,一边倒地投降敌营。

司马炎继续乘胜追击,到了十一月,他采用羊祜生前拟制的计划,以二十万兵力分为六路进攻吴国。

在这种分散进攻的方式下,虽然吴国尚有二十余万兵力,可大多比较分散,很快就显出了弱势。

最后,在长史王恒的进攻下,吴军最后的五六万主力军也被歼灭了。此时的吴国已经形同灭亡,可吴主孙皓到了这个时候才恍如初醒般地想要抵抗,派出了游击将军张象率领一万水军前往迎击。可此时的东吴士兵早已成惊弓之鸟,当张象的部队看见晋军的大旗,顿时失去了作战的信心,也因此不战而降。

【晋武帝司马炎】

张象投降后,晋军的将领王浚便开着大船、打着大旗,声势浩大地继续向前推进。

171

孙皓率军准备迎击晋军,没想到当天夜里吴国的两万士兵逃散一空。
　　这场实力悬殊的两国交战,胜负早已分晓。当晋国的军队攻打到孙皓门前时,孙皓再也没有抵抗的心思了,于是,孙皓自己把双手反绑起来,又拉着棺木,主动前往王浚军门投降。
　　至此,晋军连克东吴四州,四十三郡,降服吴军二十三万,东吴政权宣告灭亡,三国长期分裂的局面也随之结束,再次迎接大一统的新局面。

小提示
　　晋灭吴之战,是统一全国的战争,也是强者消灭弱者的一场战争。晋具有各方面的优势,但仍经过长期准备,精心策划,严密部署,终于迅速取胜。弱小的吴国面对强敌,反而轻敌大意,毫无有效的全面防备措施,结果一败涂地。

事件篇
看豪杰乱世博弈

数风流人物,还看今朝
——青梅煮酒论英雄

袁绍消灭了董卓,看到大多数诸侯各自散去,自己也懒得伺候汉献帝,便回了自己的老家冀州。

自己最大的竞争对手走了,曹操轻而易举地就把国家大权揽在自己手中。接着,他开始注意潜藏在朝廷和自己身边的威胁,时刻盯着那些野心家和蠢蠢欲动的潜在对手。他心里最清楚刘备的实力和野心,深知此人将来会成为自己最大的对手。

刘备也不是傻子,为了隐藏自己的野心,格外低调,经常闭门不出,不问世事,每天在菜园里一门心思种菜,成了隐居都市的"菜农"。

即便如此,曹操也不会认为刘备变乖了,坚信他就是一条龙,一条潜伏在深渊、时刻会冲天而起的巨龙。

为此,刘备越是低调,越是深居简出,曹操越不放心,越是坐立不安,欲除之而后快。

汉献帝慢慢长大,当然不甘心自己受制于曹操,成为傀儡。他想发展自己的势力,就认了刘备这个皇叔,并邀请他一起打猎游玩,以示重视。同时透过国舅,秘密联络刘备,试图掀翻曹操这块绊脚石。

这样一来,不仅把刘备吓坏了,也把曹操吓了一跳,他隐隐感到威胁,决定安排一场私宴,请刘备来府里喝酒,以探虚实。

曹操请刘备喝酒时,正巧关羽和张飞不在。见面后,他第一句话就问,皇叔在家做好大的事情啊?这一问让刘备心里一惊,以为曹操知道自己与皇帝密谋的事情,要找自己算账。

好在曹操接着拉起他的手,说正是青梅成熟时节,想起当年望梅止渴之事,就摘梅煮酒,请皇叔来品尝梅子,喝杯小酒,叙叙感情。

来到曹操府中,曹操先讲了一个望梅止渴的故事,缓解一下紧张气氛。

忽然间,只见天边黑云压城,如神龙出现。

曹操看着瞬息万变的天象,借此感叹道:"龙能大能小,能升能隐;大则兴云吐

【青梅煮酒】

雾,小则隐介藏形;升则飞腾于宇宙之间,隐则潜伏于波涛之内。方今春深,龙乘时变化,犹人得志而纵横四海。龙之为物,可比世之英雄。皇叔久历四方,必知当世英雄。"

曹操这一番话,看似是在描述龙的变化,可实际的意思却是在说"人得志而纵横四海"。

刘备当然不傻,曹操说这番话什么意思他心知肚明,既然曹操想要自夸,也要试探在他眼里,什么人能纵横四海,比得上自己,那他自然也要顺着曹操来回答。

于是,刘备接连指出袁术、袁绍、刘表、孙策和刘璋等地方豪强,却被曹操一一否决。

就这样,刘备这番装傻把曹操蒙混过去,在曹操看来,这个答案普通人一定是这样回答,这也证明刘备并没有出奇之处。

然而,单是如此曹操并不能放心,又继续说了当世英雄的标准:"夫英雄者,胸怀大志,腹有良谋,有包藏宇宙之机,吞吐天地之志者也。"

刘备则装傻到底,问道:"谁能当之?"

曹操指了指刘备,然后指了一下自己,说:"今天下英雄,只有你和我!"曹操话音刚落,就见大雨倾盆而至,同时伴随着滚滚雷鸣,而刘备则装作一副受了惊吓的样子,甚至连筷子都拿不稳,掉在了地上。

曹操见此情景,笑道:"大丈夫怎么还怕雷声呢?"

此次酒局堪称双龙聚会,从曹操的"说破英雄惊煞人",到刘备"随机应变信如神",可谓步步玄机。曹操的睥睨群雄之态、雄霸天下之志表露无遗。而刘备随机应变,进退自如,也表现出一世豪杰所应有的技巧和城府。

这一场政治交心,双方都是赢家。

接下来两人虽再次饮酒,但彼此心中都在打着算盘,刘备怕露出破绽,而曹操则深深担心以后有一个强劲的对手。

曹操真的让刘备骗了吗?

非也!

曹操没有那么好骗,当时没杀刘备,可能有以下考虑:

一、刘备当时势力尚小,不足以威胁到曹操。刘备虽然是个英雄,但并没有用武之地,而没有用武之地的英雄不能算作真正的英雄,也用不着过于防范。他一时半刻还成不了气候,不如等到师出有名的时候再来收拾他。

二、曹操还有很多实力强大的对手有待清除,过早杀掉刘备会授人以话柄,再加上刘备的皇叔身份也多少让曹操有些投鼠忌器。刘备前来投靠曹操时,曹操的谋士程昱就曾劝曹操把刘备"处理掉"。程昱说:"观刘备有雄才而甚得众心,终不为人下,不如早图之。"曹操的回答则是:"方今收英雄之时也,杀一人而失天下之心,不可。"

> **小提示**
>
> 《三国志·蜀书·先主传第二》有一段记载:"是时曹公从容谓先主曰:'今天下英雄,唯使君与操耳。本初之徒,不足数也。'先主方食,失匕箸。"也从侧面证实了当时刘备和曹操煮酒论英雄的事实。

一生纠葛的开端
——桃园三结义

说起结拜异姓兄弟,故事多得数不胜数,好处坏处,历来褒贬不一。

英雄好汉结拜,那叫惺惺相惜;地痞流氓结拜,那叫臭味相投;贪官污吏结拜,那叫沆瀣一气;草根百姓结拜,那叫哥俩好、投脾气。

这是一种非常好的借势方式,能够使自己的实力一夜之间壮大数倍,一头磕下去,磕出的就是一帮人马,一支队伍。用磕头的方式,把毫不相干的几个人组织在一起,既互相壮胆,又互相依靠。这种简单高效的组织形式,一经出现,便为人们所热捧效仿,也就不足为奇了。

桃园三结义是《三国演义》美好的开篇,当时正是春光无限、百花盛开的时节。在张家后花园里,满园桃花,灿若云霞,张飞命人宰杀了黑牛和白马,接着与刘备、关羽这两个八竿子打不着的异性朋友,焚香摆供,祭告天地。然后,三人跪在地上立盟誓,结拜为异性兄弟。

按照年龄顺序,刘备最大,自然是大哥,关羽是老二,张飞是老三,而且不求同年同月同日生,只愿同年同月同日死。

这是何等新奇的景观,何等英雄的气概。

从此以后,民间纷纷效仿,结拜成风,一直延续到今天。

然而,真实的情况是,刘备、关羽和张飞这三个人并不像演义里所描述的那样戏剧化地结为异姓兄弟,但这三人的关系的确是非同寻常。

至于刘备到底是从什么时候开始认识关羽和张飞的,这个已经无从考究,大概刘备还只是一个普通市民,在刚刚组织民团的时候,就已经

【桃园三结义】

177

认识关羽和张飞了。

世间总有一种默契是一见如故。

刘备与关羽、张飞之间正是如此。要知道,在当时刘备并没有什么大的作为,可是关羽和张飞却实实在在地帮助刘备打打杀杀,而刘备对这两位得力助手的感情也十分深厚,深厚到什么地步?刘备、关羽和张飞常常一个桌子吃饭,这也许不算什么,可要是说这三个人还经常同床而寝,他们之间的感情自然不必再说了。要知道,在乱世里,但凡是组织帮派的,没一个不是提心吊胆地过日子,得时刻担忧身边的人背叛伤害自己。可刘备对关羽和张飞却从来没有这个顾虑,出去打仗条件艰苦,刘备刚创业又没什么资金,勉强能维持自己不必风餐露宿,那他必然不让自己的两位兄弟受苦,一定是有福同享。

关羽和张飞对刘备死心塌地地忠诚,不管什么样的场合,只要刘备在凳子上坐着,无论多久,他们始终站在刘备身后,一动不动。刘备对他们也是肝胆相照。后来,关羽因为义气丢掉了荆州,张飞因为义气被手下砍了脑袋,刘备也因为义气弃西蜀大业于不顾,亲自率军伐吴,落了个身死他乡的下场。

所以说,对这所谓的"桃园三兄弟"而言,他们的感情都是真真切切的。

> **小提示**
>
> 《三国志·蜀书·关羽传》中曾写道:"先主与二人(关羽、张飞)食则共器,寝则同床,恩若兄弟。而稠人广坐,侍立而终,随先主周旋,不避艰险。"罗贯中正是以此为根据,杜撰出《三国演义》中桃园结义的情节,突出刘备、关羽和张飞三人的深厚感情。

事件篇　看豪杰乱世博弈

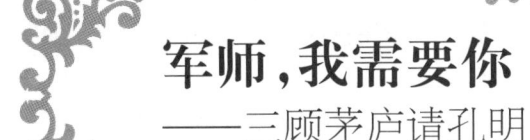

军师，我需要你
——三顾茅庐请孔明

公元207年，刘备年四十七岁。

不惑之年的他已经成功地由一名卖草鞋郎，转变为满腹阴谋的政治家。

从丢掉草鞋的一刹那，这位皇叔就一直在为"光复汉室"而奔波。二十多年过去，他身边不乏关羽、张飞这样的猛将，却苦于没有一个能为他出谋划策的谋士。

他一直在等，等到花儿都谢了不知道多少回，终于让他等到了。

这个人就是诸葛亮。

当时有民谣说："得卧龙、凤雏者得天下。"

卧龙指的是诸葛亮，凤雏指的是庞统。

刘备听到诸葛亮的大名后，就带着关羽和张飞到卧龙岗，找到了诸葛亮的住处。

他亲自敲开了柴门，满脸和蔼地对开门的书童说："汉左将军宜城亭侯领豫州牧皇叔刘备，特来拜见先生。"把自己官职、出身报了个遍，临了也没忘记自己皇叔的身份。

【三顾茅庐】

谁知书童不吃这一套,仰头看着长耳叔叔,怯生生地说:"我记不得这么多字。"

刘备一愣,做了个手势稳住背后冲动的张飞:"我是刘备,来拜见先生。"

书童瞥了张飞一眼,告诉刘备,先生外出,归来时间不详。

此为一顾茅庐,以刘备的无奈、张飞的黑脸以及关羽的面无表情宣告结束。

二顾茅庐发生在数日之后,刘备派去探子,得知诸葛亮已回茅庐,便立刻备马再次前往。莽撞的张飞对此极度不满,对刘备直言道:"不过一介村夫,哥哥何必亲自去,我去把他给你绑来就是了。"

刘备怒喝:"卧龙先生是当代的大学者,哪轮得到你造次!"

据罗贯中描述,那一天,天降大雪,北风阵阵,卧龙岗一片银装素裹。刘备将马骑得飞快,后面跟着张飞和关羽,虽然皮袭裹身,冷风还是不住地往怀里钻。

依旧是那个书童,依旧是那扇柴门,得到的结果一样是拒绝。不幸中的万幸,刘备遇见了诸葛亮的朋友、弟弟以及诸葛亮的岳父一干人等,个个都是大名鼎鼎的人才,他们对诸葛亮钦佩有加,赞许他是当代难得一见的英才。

可以说,在众人的推波助澜下,此时刘备想要见诸葛亮的心情可以用急不可待来形容,这也就促成了第三次的拜访。

三顾茅庐,已经是初春了。这一次,刘皇叔先是在家斋戒三天,选定吉日,沐浴更衣后才跨马前往。如此慎重,不仅急性子张飞没忍住,就连少言寡语的关羽也开口了:"兄长两次亲往,卧龙都没有现身,我觉得他是没有真才实学,不敢相见,我们就此作罢吧。"

刘备摇头:"昔日,齐桓公要见一位隐士,去了五次才见到,更何况我要见的是当代大贤士呢?"

三个人于是骑马前往卧龙岗。在离草庐很远的地方,刘备就下马步行以示诚意。走到门前,书童告知:"先生已归,但午睡未醒。"

刘备有诚意地说:"既然如此,那就不要打扰先生休息,我在这儿等。"

书童将三人引入院落,诸葛亮就在堂内侧卧,刘备老老实实地站着,看着屋内那个白色身影,无数个问号在他脑中浮现:卧龙是个什么样的人?他值得自己这样礼遇吗?

几个时辰过去了,张飞早已按捺不住,大嚷大叫道:"这个书呆子怎么这样傲慢,我哥哥站在门外已经很久了,他却依然高卧不起。等我放一把火,把这屋子烧了,看他还能不能见周公!"

刘备赶忙安抚,这时堂内的诸葛亮动了动身子,大家都以为他要起床了,谁知人家只是翻个身继续睡。

又过了一个时辰,诸葛亮才醒来。他伸着懒腰吟了首诗:"大梦谁先觉?平生

我自知,草堂春睡足,窗外日迟迟。"吟完诗,依旧没看屋外,转而问书童:"我有客人?"

书童答道:"刘皇叔求见,已经等待好几个时辰了。"

诸葛亮这才翻身起床,佯怒道:"你怎么不早报?让刘皇叔在此久候,太失礼了!"说完,转入内堂,换了件衣服,这才出来迎见刘备。

终于,两人得以见面。

刘备当时的心情想来是十分激动,简单表明了自己的身份和来意之后,便一直反复对诸葛亮强调着:诸葛先生,我需要你,需要你做我的军师!

等看到诸葛亮对自己的态度比较和善以后,刘备这才放心,便让身边的人都退下去,然后问道:"汉室已经衰败,如今奸臣当道,掌握朝纲,我想要伸张天下正义,可自己的德行和能力却远远不够,才遭受今天的挫败。不过,我的雄心壮志并没有减退,请问先生有什么计策能够帮助我?"

诸葛亮说:"如今曹操以百万大军压阵,挟天子以令天下,想与曹操争锋的确不太可能。而江东有孙权三代割据,且地势险要,民心顺服,这样以德治民的人可以尝试与他结盟。而荆州地区位置重要,不过刘表却无能力据守,正是上天赐予您的机会。再说益州,这里土地肥沃,物资充足,百姓富裕,可张鲁在此地却从不珍惜,此地的贤才将士都希望能有个英明的人领导。而将军您是汉室子孙,信义闻名于天下,如果可以夺得益州和荆州,并与孙权结盟,内修外治,复兴汉室基业指日可待。"

刘备听了,感叹诸葛亮果然是个高人,他们促膝长谈了一夜,谈话的内容被后人称为"隆中对"。

小提示

诸葛亮与襄阳名士司马徽、庞德公、黄承彦等交情深厚。

一次,刘备和司马徽会面,面对天下芸芸众者,司马徽不禁感叹:"现在的儒生见识如此浅薄,对当今时事根本不能透彻了解。可乱世在即,能够识时务者才是真正的俊杰,恐怕只有诸葛卧龙才能担此重任。"面对司马徽的这番肺腑之言,刘备虽从未与诸葛亮谋面,可已经对诸葛亮的才干有了一定的认同,这才有了后来刘备"三顾茅庐"请诸葛亮的故事。

死后的"小心机"
——刘备临死托孤儿

刘备的前半生大多处于颠沛流离的状态,难得关羽、张飞、赵云、诸葛亮等人一心跟随着自己,这才好不容易建立了蜀汉政权。

可是,刘备千辛万苦当了皇帝,却接连碰上人才凋敝的窘境,在刘备东征之前,庞统、法正、黄忠就已经先后亡故,东征失败又令张南、冯习战死,马良遇害,而黄权则被迫投降魏国。

屋漏偏逢连夜雨,与此同时,一向声望和资历都很高的司徒许靖,以及尚书令刘巴连同骠骑将军凉州牧马超,和刘备的妻舅、安汉将军糜竺也都接二连三地去世。

就在刘备急需人才的时候,关羽被东吴杀害,急于报仇的张飞又因自己脾气暴躁被手下给暗杀了。这对刘备来说简直是致命打击。

被逼入死角的刘备在仇恨面前丧失了往日的沉稳和判断力,就连诸葛亮的劝告他也听不进去,说什么也要出兵攻打东吴。结果,他在和东吴将领陆逊于夷陵决战之时,被火烧连营七百里,一败涂地退回白帝城。

回到白帝城的刘备又气又恼,最后一病不起。

刘备生病以后,终于能够冷静下来反思当前的处境了。蜀国已经元气大伤,储君刘禅年幼不懂事,所谓知子莫若父,刘备哪里放心得下。

然而,此时蜀国内无论是资历还是名望,除了诸葛亮以外,再也没有人能够挑起辅国的大任了。于是,刘备便派人将守在成都的诸葛亮找了回来,托付后事。

当诸葛亮日夜兼程赶到白帝城的时候,怎么也没想到刘备竟然已经病得不成样子,此时诸葛亮也明白刘备时日无多了,当即拜倒在刘备榻前。

刘备自然也知道自己即将油尽灯枯,此时见到诸葛亮,想到自己半生的功业有可能毁于一旦,再回想起曾经南征北战的日子,心中无限感慨。

他对诸葛亮说:"自从有了丞相相助,我总算发展出自己的事业,可因为我学识浅薄,没能听从丞相的建议,才造成今天的局面。虽然我很后悔,可也没有办法了。我时日不多,唯独担心我的儿子不能担当大任,只希望将大事托付给你。"刘备的意

思已经很明白,这是要让诸葛亮辅佐刘禅。

刘备又看了看左右的将官,当他看到马谡也在身边时,便命令马谡等人暂时退出,只留下诸葛亮说:"马谡言过其实,不能重用,对于他,丞相要慎重考察。"说完,刘备才将众人叫到自己身边,开始亲笔书写遗嘱。

刘备一边写一边感叹:"我本想和你们一同消灭曹丕,不幸中途分手。麻烦丞相把我的遗嘱交给太子刘禅,以后一切事情,都望丞相指点。"

至此,刘备算是正式将托孤重任交代给了诸葛亮。

诸葛亮一听,当即拜倒在地上说:"臣等一定全力效劳,辅助太子。"

刘备嘱托完了身后事,又单独对诸葛亮说:"你的才干比曹丕高了十倍,有你在一定能成大事。倘若有一天刘禅真没办法辅佐,就请丞相你来做两川之主。"

诸葛亮一听,这是刘备要把江山交给自己,赶忙跪下推辞道:"我一定尽心辅佐太子,直到我死了为止。"

刘备又把诸葛亮请到自己的身边坐下,对刘禅、刘永、刘理吩咐道:"你们要记住,等我死了以后,你们兄弟三人要把丞相当做自己的父亲。"

就这样,刘备在临死之前将后事托付给了诸葛亮,也延续了蜀汉江山的命运。

这期间还有一个细节是,刘备托孤时发出的遗诏上面写着"内事问诸葛,外事问李严"。也就是将政治权力交付诸葛亮,将军事权力交与李严掌管。

时值乱世,人人皆知军权比政权重要,可见刘备还是从心里提防着诸葛亮的。

说到李严,读者马上会想到诸葛亮北伐,李严因"运粮不济,贬为庶民"。由此可见,政治斗争并没有所谓的君子,诸葛亮也是如此。

小提示

从三顾茅庐、赤壁大战、借荆州占益州,直到关羽走麦城、张飞被害、火烧连营,都是在为刘备白帝城托孤做着铺垫工作。当他失去了左膀右臂,也只好把自己辛辛苦苦打下的江山,乖乖地交给了潜伏在身边的卧龙先生。从此,蜀汉开启了诸葛亮时代的序幕。

自己人害自己人
——华雄死得其所

董卓荒淫无道，蔑视汉帝，对朝中群臣滥杀无辜，致使朝纲败坏，民不聊生。

于是，全国各地掀起了反对董卓的军事动员。身为四世三公的袁氏家族一员，袁绍有着巨大的号召力，很快的，一个以袁绍为盟主的反董联盟成立了。

联盟以孙坚为先锋官，进军汜水关讨伐董卓。

董卓见状，立刻派帐下大将华雄前来迎战。

当时，孙坚刚从长沙太守晋封为乌程侯。关东州郡起兵讨董卓，孙坚哪有不起兵的道理。他率领军队从湖南北上，很快到鲁阳与袁术会师。

可是当讨伐大军浩浩荡荡地来到了洛阳城外，却开始止步不前了。原来，各路诸侯对董卓还是有忌惮之心，都开始盘算起自己的利益来了。这些人一方面惧怕董卓，另一方面又想保存实力，谁也不敢进军。

在这种你怕我怕大家一起怕的默契下，谁也不好意思笑话谁胆小，于是再次默契地开始置酒高歌，说是持观望态度，其实也就是看哪个不怕死的敢身先士卒，去试探董卓的真正实力。

要说在天下四分五裂的各路军阀中，后来只剩下三国并立，这不是没有道理的。此时只有曹操和孙坚，以及河内太守王匡表现出非凡的勇气。天下人都是听说董卓如何强大，可真正见识过的没几人，而曹操和孙坚他们确实真正与董卓的军队交过战。

当时，孙坚在梁县之东受到董卓的将领徐荣攻击，虽然他最后与少数亲信冲出包围圈逃了出来，但兵力损失惨重。等到孙坚重新整饬军队，董卓已经派遣大将胡轸、吕布、华雄等前来再次攻打。

可事情就坏在吕布身上了。虽然董卓这边占足了优势，可吕布张狂的个性却不容易控制，闹出了与胡轸不和的情况。虽然胡轸是主帅，但吕布是董卓的义子，吕布故意捣乱，谁也拿他没办法，以致于军中自相惊恐，士卒散乱。

这个机会正好被孙坚抓住了，当即率军追击，胡轸和吕布等大败而逃。

这时，华雄这员猛将在胡轸和吕布的内讧中置身事外，所以当孙坚麾兵来袭，

董卓这方真正能够冷静出战的只剩下华雄。

孙坚本来就是作战高手，此时华雄失去了胡轸这个主帅和吕布这个第一猛将的支持，即使再厉害，想要和孙坚单独开战仍然有难度。

最终，华雄不敌孙坚，被孙坚斩杀了。

小提示

演义里说，关羽自己请命去汜水关，杀当时被董卓封为骁骑校尉的华雄。袁绍和袁术认为关羽是马弓手，职位太低，不同意他出战，恐被华雄所笑。

关羽说："如果不胜，请斩我的头！"曹操支持他出战，就斟上热酒一杯，让关羽饮了上马。

关羽说："酒暂时斟下，我去去就来！"然后出了军营提着刀，跨上马。不一会的工夫，关羽便提着华雄的头回来了，而曹操斟的酒仍然温着。

这便是著名的"温酒斩华雄"。但实际上华雄是死于孙坚的刀下。

挡也挡不住的兄弟聚会
——关羽千里走单骑

建安五年,曹操出任丞相,骄横无礼。

汉献帝不甘心做曹操的傀儡,就给自己的心腹国舅董承下了衣带诏。谁知董承的家奴秦庆童因为曾经被主人责罚而怀恨在心,听说了此事之后,就向曹操告发了。

于是,曹操便将参与衣带诏事件的董承、吉平、吴子兰等人处死,就连董承的女儿、怀孕五个月的董贵人也惨遭杀害。

曹操一向认为刘备是心腹大患,当他知道刘备也参与了这件事情,便派大军兵分五路杀向徐州。

刘备向袁绍求援,可是袁绍有所顾忌不愿出兵,只是答应刘备日后可以随时投奔他。

当曹操大军杀到徐州城下时,刘备无力可挡,只好冒险连夜劫营,谁知反而中了曹操的埋伏。

刘备和张飞战斗中走散了,刘备只身一人投奔了袁绍,张飞则是逃到芒砀山暂时落脚。

曹操击溃刘备之后,又连夜打下了徐州。

随后,在攻打下邳的时候,碰到了关羽。

关羽因为保护刘备的妻儿老小,被曹军包围在一座山头之上。

曹军大将张辽上山劝降关羽,关羽思虑再三之后答应了,但是和曹操约法三章:一、只是投降汉朝廷,不是投降曹操;二、用刘备的俸禄奉养他的二位嫂子;三、一旦得知刘备的下落,便可前去寻找。

张辽将关羽投降的条件告诉曹操,曹操答应了。

于是,关羽保护着刘备的两位夫人,随曹操前往许都。

途中,曹操故意让关羽与刘备的两位夫人同居一室,关羽手执火烛,彻夜守候在屋门外。

到了许都之后,曹操对关羽三日一小宴,五日一大宴,又是送美女,又是送金银

珠宝。

关羽让美女服侍嫂嫂,财物则是暂时放好。

曹操又将赤兔宝马送给关羽,关羽拜谢再三。

曹操感到奇怪,问他为什么以前得到东西不感激,今天却一再感谢。

关羽说有了这匹千里马,他便可以早日找到主公刘备。曹操听到之后,感到十分后悔。

袁绍起兵攻打曹操,他以颜良为先锋,颜良威猛不可挡,连斩曹将宋宪、魏续等人。

曹操的谋士程昱建议曹操改派关羽迎战颜良,让袁绍因为仇恨关羽而杀了刘备。

关羽感激曹操对他的照顾,便上阵杀了袁绍的大将颜良,第二天又斩了袁绍的另一大将文丑。

【关羽千里走单骑】

曹操大胜。

袁绍知道是刘备的手下杀了颜良、文丑,便叫人绑了刘备。

刘备说:"曹操故意先让关羽杀两将以激怒你,再借你的手来杀我,我马上写信让关羽到河北来投靠你,如何?"

关羽收到刘备的书信,便向曹操告辞。他将曹操过去送他的财物和美女全部留下,又给曹操写了一封信,便护着二位夫人去寻找刘备。

接下来,三国故事里最精彩的千里走单骑"闯关"游戏开始了:

第一关城门,很轻松就闯了过去。

第二关是感情关,曹操拿黄金和锦袍为关羽送行,关羽没有收黄金,披上锦袍,匆匆告辞,还留下"一言既出,驷马难追"的成语,为曹操博得了遵守诺言的美誉。

　　第三关是刘备的两位夫人差点被杜远劫去,弄上山当了压寨夫人,多亏被廖化救下。

　　第四关是闯东岭关杀孔秀。

　　第五关是洛阳斩太守韩福。

　　第六关是胡班相救斩王植。

　　第七关是黄河渡口斩秦琪。

　　第八关是勇斗夏侯惇,张辽及时赶来解围。

　　第九关是受土匪追杀,收周仓。

　　第十关是过兄弟的不信任关,挥刀斩曹操大将蔡阳,才重新获得张飞的信任。

　　闯关游戏到此结束,下一站就是收关平为义子,迎接刘备回古城,兄弟三人终于再聚首。

　　人们常说"过五关斩六将",就是指这趟惊心动魄的千里走单骑。

　　我们姑且不去考虑"过五关斩六将"的六个刀下鬼是不是关羽所杀,但是这五关的地理位置,就有点离谱了。关羽从许都出来,第一站是东岭关,在汉代的地图上根本不存在,很可能是魏晋以后改的名称,这个地方无法考察。第二站是洛阳,洛阳在许都西北数百里处,而关羽要到河北的袁绍阵营中去找刘备,却偏偏往西走,这一点让人搞不懂。第三站是汜水关,其实就是虎牢关,在洛阳东南。读到这里,疑问产生了,他怎么又走回来了? 第四站是荥阳,就在汜水边上。最后一站是黄河渡口白马津,我们只要翻翻地图便可知白马津在许昌正北。关羽不着急去找刘备,反而先往西北方去游览了一番,杀了几个无名之将,难道是为了表现这一路自己走得多么辛苦?

　　所以"千里走单骑"是真,但"过五关斩六将"不过是演义中的杜撰罢了。

小提示

　　陈寿所著《三国志·关羽传》记载:"乃羽杀颜良,曹公知其必去,重加赏赐。羽尽封其所赐,拜书告辞,而奔先主于袁军。左右欲追之,曹公曰:'彼各为其主,勿追也。'"

　　由此可见,关羽虽有千里寻刘备之事,但由于曹操成其之志,并未派兵追赶或设卡拦阻,此行可谓路途坦荡、一帆风顺。

想留也留不住你
——诸葛挥泪斩马谡

无论是从什么角度来看,马谡都是死不足惜,不过马谡的知己诸葛亮在三国里有着举足轻重的地位,而马谡最终又是死在这位知己的手里,这意义可就不一样了。

当时蜀国内忧外患,又赶上先帝刘备病逝,留下孱弱的新主刘禅,横看竖看也不像能做大事的人。诸葛亮又是刘备临死前亲自授命的托孤大臣,马谡虽然是好心办坏事,可毕竟犯了大错。

诸葛亮下令斩马谡的时候心情应该是很复杂的,不然也不会有挥泪斩马谡这一说。

兄弟之情,肝胆相照,诸葛亮即使有心帮马谡,可毕竟有那么多双眼睛盯着自己的一举一动。

那么,这个马谡到底犯了什么错呢?

公元228年,诸葛亮计划出兵到祁山攻打魏国,当时关羽、张飞都已经去世了,诸葛亮能任用的将领只剩下赵云、魏延等人。想到魏国兵力强盛不易攻取,诸葛亮就命令赵云、邓芝作为疑兵,先把箕谷给攻打下来。诸葛亮自己则亲自率领着十万大军,突袭魏军据守的祁山。很显然,这场战争不关作战经验丰富的魏延什么事,但有一人却破格得到了诸葛亮的重用——马谡。

马谡这个人绝对是一个坐而论道的高手,按照现代人的标准来看,是地道的知识分子、大学问家。他做学问很有一套,但缺乏审时度势、随机应变、灵活处理问题的能力。也就是说,善于纸上谈兵,而不善于实际用兵打仗。

诸葛亮可能是过于迷信马谡的理论了,根本没有把刘备的警告当回事,选择了自己非常欣赏和信赖的理论高手马谡,作为自己北出祁山、讨伐曹魏的先锋官。

刘备在世时,曾任魏延为汉中太守,对于这一带地形,魏延最为熟知。此次北征,扼守街亭咽喉要地,不派魏延,而委重任于中参军的马谡,也难怪魏延要发牢骚了。

在交战之前,马谡不听诸葛亮预先做好的部署,非要擅作主张,不将部队驻扎在紧临水源的地方,反而在南山扎营。按照他的设想,把军队驻扎在山顶上,八成是想高屋建瓴,站得高看得远,对敌人采取俯瞰的态势。

但他压根没把王平等人的断水论、困山论放在眼里,认为那不过是危言耸听,大惊小怪。自己把军队驻扎在山上,置之死地而后生,敌人来了,猛虎下山,势如破竹,岂有不胜之理。高手出招,就要标新立异,才能显示出自己独特的才华。

很可惜,他根本不清楚自己那些手下心里是怎么想的,会不会置之于死地而后生。估计大多数人置之于死地后,早已经吓得瘫倒在地,别说战斗,连逃跑的力气恐怕都不剩多少了。

马谡的失误也正好给了张合机会,既然蜀军自己放弃了水源,那张合正好可以断绝马谡取水的道路,等到蜀军缺水被困,一举发动进攻。

马谡就这样毫无疑问地失败了,战场之上,就因为马谡一人的失误,最终令蜀国失去了街亭,更令无数士兵为此丢掉了性命。而诸葛亮带领的后续部队也由于少了街亭这个落脚点,最终没能进攻魏国。

马谡的失误看在众人眼里,诸葛亮怎能徇私?等到马谡被抓进大牢,他最后留给诸葛亮的请求也只能是照顾自己的家眷了。

> **小提示**
>
> 刘备去世前,曾对诸葛亮说,马谡这个人言过其实,不可大用。马谡之死,一方面是诸葛亮对马谡感情的割舍,一方面也是想起刘备的临危叮嘱,为自己用人不明而痛哭。马谡死后,诸葛亮将马谡的儿子收为自己的义子。

抓了放，放了抓
——逃不掉的孟获

碰上蜀国最鼎盛的阶段，又碰上南蛮想要入侵蜀地，这时候除了前线军备的竞争，更离不开两方势力的智斗。

蜀国有诸葛亮坐镇，有卧龙的名号在，这场战争的胜负似乎已经见了分晓。不过，诸葛亮的追求可并不只是想要取得胜利，他更想要收买人心，要是能够把敌军的人才引进到自己的地盘，就是再好不过的结果了。

双方第一回合较量，诸葛亮先打败了孟获，然后让魏延设伏，生擒吃了败仗而逃跑的孟获。

孟获很不服气，认为不是真刀真枪的打拼，不算数，于是诸葛亮就放了他。

然后诸葛亮告诉孟获的手下，说孟获把失败的责任都推到他们的头上，骂他们是叛徒，贪生怕死，用来离间孟获和手下人的关系。

这些人怀恨在心，趁孟获不注意，把孟获来了个五花大绑，绑去见诸葛亮，这是第二次擒孟获。

孟获更不服气了，这是被人出卖，不算数，诸葛亮同样放了他一马。

诸葛亮这一招貌似高明，其实是因小失大。这不但直接导致爱好和平的两大洞主董荼和阿会喃被孟获杀害，还直接拒绝了众酋长寻求和平结束战争的请求，等于是让孟获把更多的军民绑上战车。

然后，孟获要他的弟弟来诈降，自己偷袭，这样的小把戏，就更骗不了玩了一辈子阴谋诡计的诸葛亮。他一眼识破了孟获的伎俩，不费吹灰之力就将其擒获了，但还是放了他。

第四次交手也不复杂，诸葛亮设圈套，引孟获出来，轻松就捉到他，捉到后又和原来一样放了他。

诸葛亮这次放回孟获之后，与孟获同为洞主的杨锋为了平息这场诸葛亮与孟获个人之间有害无益的杀人游戏，再次将孟获抓来送给诸葛亮。

原本希望透过孟获之死来结束战争，遗憾的是，这个和平的愿望再次遭到诸葛亮的践踏。

第六次,孟获搬来了救兵,用训练的野兽来参战,诸葛亮被打败,还遇到几处毒泉,差点丢了性命。但诸葛亮还是想出了高招,他造了一些巨大的假兽,吓唬那些真兽,又生擒了孟获。孟获当然不服,诸葛亮一笑了之,同样放了他。

第七次交手,也就是最后一次交手,孟获请来了乌戈国的救兵,结果乌戈国国王兀突骨及其三万藤甲军被诸葛亮一把火烧得精光,并再次生擒孟获。

面对如此残忍的场面,诸葛亮也垂泪叹息道:"吾虽有功于社稷,必损寿矣!"可是,他如此不计成本地玩这种野蛮血腥的游戏,并且还将这样多余的战争美化成有功于蜀国社稷,实在令人费解。

这次,诸葛亮同样放了孟获,但孟获彻底服了气,发誓不再跟诸葛亮做对,做一个听话的大蜀国顺民。

于是,诸葛亮再次封他为王,让他管理西南边陲。

从此,孟获服服帖帖地为诸葛亮卖命,使诸葛亮再无后顾之忧,一心一意北伐中原,匡扶汉室去了。

小提示

关于孟获其人,学界一直是有争议的。在陈寿所著的《三国志》中,曾记载南中叛党雍闿高定之徒,其人身被七擒,而其名即为"获"。

事件篇　看豪杰乱世博弈

下棋疗伤两不误
——关羽刮骨疗毒

　　常年在战场上，自然没有不受伤的道理，像关羽这样的顶级武将，每每都是身先士卒冲锋陷阵，即使武艺再高强，碰上不长眼的冷兵器，也难免有受伤的时候。

　　不过，明枪易躲暗箭难防，打仗作战中箭事小，碰上把箭头抹毒的，那就要谨慎处理了。

　　一次，关羽领着大军攻打曹操，就恰好中了曹军的毒箭。此时军中没有能够治疗毒伤的军医，而关羽又不肯耽误战事回荆州治疗。

　　眼看关羽的毒伤越加严重，手下人只好在当地贴出寻医的布告。

　　关羽疼痛难耐，在没有良好的医治条件下，除了忍耐没有别的办法。于是，他找马良与自己共同下棋，希望借此分散注意力，一来是想减轻自己的疼痛，二来也是为了避免扰乱军心。

　　这时，一位医生看了布告来到军营。

【刮骨疗毒】

　　等医生仔细检查过关羽的伤口后，紧张地说："将军的手臂再不治理，恐怕以后就要废了。可此毒已经侵入骨头，想要根治，必须把将军的手臂牢牢绑在柱子上，

193

然后我用刀把皮肉割到可见骨头的程度,用刀将骨头上的毒刮去才可。最后敷药缝线,才能保住将军的手臂。"

关羽听了以后竟然没露出半点畏惧,反而笑着对医生说:"我堂堂男子汉,怎么还怕痛?不需要绑住手臂。先生远道而来,不如先命人送上酒菜。"

医生毕竟只是普通百姓,面对关羽也不知如何是好,只能听从关羽的意见先吃午饭。

医生这顿饭吃得十分忐忑,刮骨疗毒,这岂是一般人能够忍受得了的,关羽竟然连手臂都不绑。

可医生又见到关羽自始至终没露出半点痛苦之色,这才相信关羽能够忍受。

关羽见医生也差不多用好了酒菜,于是伸出受伤的右臂对医生说:"现在就请您为我治疗,我照样下棋,请先生不要见怪。"医生闻言,也不好多加劝阻,只好从医箱里取出手术用的尖刀,又请人在关羽的臂下放一个盆子,看准位置,下刀把关羽的皮肉割开。

在场之人无不为其捏了一把冷汗,可此时的关羽却谈笑风生,落子吃子毫不耽误。

有了关羽这份从容,医生的紧张情绪也渐渐平复,等到将关羽的皮肉割开以后,医生对关羽说:"我要用刀把将军骨头上的毒给刮走。"语毕,只见医生操着娴熟的手法,已经用刀子在关羽手臂的骨头上来回刮动。一刀刀刮在骨头上,流出了很多鲜血。连平时对血雨腥风司空见惯的将士也都对此情景不忍多看,唯独关羽始终面不改色地和马良下着棋。

终于,医生将毒刮干净了,又为关羽敷了药,缝了伤口。

等到一切结束,关羽忽然大笑而起,对众将说:"我的手臂伸展和从前一样,没有任何不适,先生真是神医啊!"

医生回道:"我做了这么多年的医生,也没有见过像将军这样勇敢的。虽然箭毒已经治好,但还是要谨慎,千万不要动怒,等到百日之后,就可以痊愈了。"

> **小提示**
>
> 罗贯中所写的《三国演义》中,将医生写成是华佗,一方面因为华佗是当时的名医且擅长外科手术,另一方面也是为了增强故事的戏剧性。其实刮骨疗毒在古代是一种由来已久的医治方法。

谁也救不了
——吕布惨遭缢杀

虽然吕布有自己的作战部队,也有自己的名号,可吕布称王称霸却总是有个依附,似乎好像没个靠山吕布就办不成事一样。

这位三国里"武力值"最高的人,却有着"三姓家奴"的坏名声,并为此受尽了唾骂。

吕布原本姓吕,父亲早逝,认荆州刺史丁原为义父。丁原待他不薄,倚为股肱。然而,吕布见利忘义,杀了丁原,取其首级,投降董卓,拜为义父。天下第一好汉卖身投靠,使奸贼董卓如虎添翼,做尽了坏事。后来因为争夺美女貂蝉,吕布不惜与义父反目,杀了董卓,夺回貂蝉。

这样一个反复无常的人,在公元198年,又依附了袁术。

袁术大家也都知道,三国袁氏曾是威震一时的豪门大族,可唯独出了一个不可靠的袁术。

可想而知,吕布这次的选择有多错误。

这年,袁术为了对付刘备找来了吕布。

吕布依附袁术后的第一件事,就是派出高顺、张辽攻打沛城,希望击败刘备。

当曹操得知刘备有难,便派出夏侯惇援救刘备,不想被高顺打败,更惨的是还令夏侯惇失去了一只眼睛。

很快,高顺就攻破沛城,还把刘备的妻儿抓走当俘虏去了。

吃了败仗的刘备无奈之下只得转投曹操,有了曹操这个大靠山,刘备也方便报仇。

而曹操也很仗义,得知刘备输得这么惨,竟然亲自率军攻打吕布。

曹军一路攻打到邳城脚下,曹操派人给吕布送了一封信,信中向吕布陈述了利害关系。

吕布看了曹操的信,又开始动摇想要投降,可吕布身边的陈宫等人不傻,毕竟吕布和袁术结好是因为先背叛了曹操,此时再回到曹操身边,难免曹操记仇,因此极力反对,并且对吕布说:"曹操从远道而来,其局势不能持久,将军可用步兵和骑兵驻守城外,我率领其余人马关了城门把守。曹操如果向将军进攻,我带领部队从后面进攻曹军;要是曹操只是攻城,将军就从外面救援。要不了一个月,曹军粮食全部用尽,发起进攻就可以打败曹操。"

吕布被这么一劝,又开始认同陈宫的看法了。

吕布这样三心二意的人没自己的想法,也是让人操心,可别人都利用吕布,想来他自己的老婆不会害他。

这时,吕布的妻子说:"从前,曹操对待陈宫像对待婴儿一样无微不至,陈宫仍然丢下曹操投靠我们。现在将军对待陈宫的好并未超过曹操,却打算丢下全城和妻子儿女孤军远出,一旦发生变故,该如何是好?"

吕布听了妻子的劝说,没有同意陈宫的意见,最后错失良机,被曹操团团围困。

吕布暗中派人向袁术求救,同时亲自率领一千骑兵出城,不想直接被曹操打了个落花流水。

此时的吕布更加害怕了,而袁术的救援又迟迟不到,失去作战信心加上从来没搞好人际关系的吕布,开始面临逢战必败的局面。

当曹操围困吕布到了第三个月,吕布的军中发生反叛事件,背叛的人将吕布抓住献给了曹操。

吕布被捆到曹操面前时,曾几何时不可一世的英雄竟然只剩下请求松绑的要求,谁想曹操却笑道:"捆绑老虎不得不紧。"

吕布又说:"曹公得到我,由我率领骑兵,曹公率领步兵,可以统一天下了。"

曹操刚心动,刘备就在一旁煽风点火道:"明公看见吕布是如何侍奉丁建阳和董太师的吗!"

仅仅一句话,就将吕布送上了西天。

三国里,吕布从出场到丧命,共投靠了七位主子,认了两位干爹(丁原、董卓)。这七位主子分别是:丁原、董卓、王允、张扬(两次)、袁术、袁绍、刘备,欲投奔第八位主子曹操时,因刘备提醒,终被曹操杀死。

> **小提示**
>
> 陈寿曾评价:"吕布有虓虎之勇,而无英奇之略,轻狡反复,唯利是视。自古及今,未有若此不夷灭也。"吕布曾有一匹名马为"赤兔",后来吕布投降被杀,这匹赤兔马也不知所踪。

不得不说的恩怨
——张绣与曹操的君臣关系

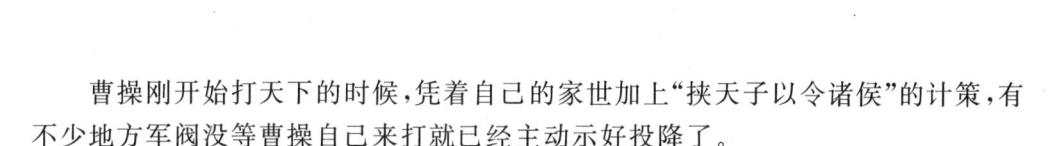

曹操刚开始打天下的时候，凭着自己的家世加上"挟天子以令诸侯"的计策，有不少地方军阀没等曹操自己来打就已经主动示好投降了。

张绣也是这其中之一，不过张绣投降曹操可不是一次就能说得清的。

公元197年正月，曹操攻打张绣的根据地宛城。

大军压城，张绣战与不战，靠他一个人想是不够的，于是他便询问谋士贾诩的意见，而贾诩很坚定地说出一个字：降。

因此，曹操便率军直接进了宛城，不费吹灰之力。

张绣向曹操投降，那宛城自然也是曹操的囊中物了，于是乎，当曹操看到张济的遗孀邹夫人之时，自然认为邹夫人也属于自己的私人财产。曹操素来看到美女就走不动，眼前邹夫人一颦一笑都是倾国倾城，曹操立刻纳了寡妇邹夫人做妾。

守寡的邹夫人死了老公，反而找到更值得依靠的男人，她本人自然没什么不愿意的。而曹操又不嫌弃邹夫人有过婚姻史，不介意邹夫人二婚嫁给自己，两人情投意合，本来你情我愿这事也碍不着别人来指手画脚。

可偏偏张绣忍不下这口气，他觉得曹操是在奸占自己的叔母，是对自己死去的叔父不敬。他每每见到曹操走进叔母的营帐就有气，一怒之下竟然在夜间偷袭曹营。

曹操被张绣来了个突袭战，简直是防不胜防，这成了他战斗史上最不堪回首的一次失败。曹操的右臂被刺伤，大儿子曹昂、侄子曹安民和爱将典韦，还有他刚娶过门心爱的邹夫人都死在这场战争中。

大败曹操以后，张绣又重新夺回了他的宛城，自己重新当老大。

但到公元199年，张绣的力量已经微不足道了，他知道早晚会有比他更强大的军阀来吞并自己的势力。恰好此时曹操和袁绍爆发官渡之战，于是张绣看准机会，准备在二者之间选一个人投降。

在袁、曹两人间一对比，显然投降曹操更为明智。可张绣之前和曹操有过仇怨，为难的张绣于是又把贾诩叫来询问意见，贾诩还是一个字：降。

于是,张绣再一次听从了贾诩的建议,向曹操归降。

张绣二次归降,曹操心里不免要多加一层防备,毕竟张绣曾经背叛过自己,还杀了自己的儿子和爱将。但和袁绍开战在即,如果此刻不接受张绣,那么张绣转而支持袁绍,可能官渡之战自己会大败。

到底是做大事怀天下的人,曹操在一番利弊权衡之后,还是决定将张绣与自己的仇恨暂且放下,接受张绣的投降。

公元200年,张绣第二次正式投降曹操,而曹操也果然没和张绣提到过去的不愉快,只是牵着张绣的手参加为张绣举办的宴会,并且为自己的儿子曹均娶了张绣的女儿,和张绣结了亲家,又封张绣为扬武将军。

同年,张绣随曹操参加官渡之战,因力战有功,张绣再次被升为破羌将军。

从此以后,张绣这才和曹操化解了恩怨,建立了稳定的君臣关系。

> **小提示**
>
> 民间传说中,张绣人称"北地枪王",能使一杆虎头金枪。张绣是武术名家童渊的大徒弟。战宛城时由胡车儿偷走典韦的双戟,然后得以枪挑典韦。他的"百鸟朝凤枪"威震天下,后来与赵云大战三百回合,被赵云的七探蛇盘枪杀死。
>
> 从此,赵云成了真正的枪王。

曹操也有被坑时
——草船借箭真实版

赤壁之战的时候,曹操和孙权错过了真正开战的机会,但三国鼎立,孙、曹之间的战争在所难免,虽然迟了几年,但到底还是要打的。

曹操这次攻打孙权没再碰上孙、刘联盟的尴尬,可曹操还是损失了自己手下的第一军师荀彧。

荀彧死后,曹操对孙权的怨恨也更深了,发誓一定要继续向东和孙权决一死战。

那时的曹操号称有四十万大军,所以这场战争在大家眼里都认为一定会像赤壁之战那样打得轰轰烈烈,谁知道最终的结果却是令人大跌眼镜。

初期,曹操刚到长江西岸,不费一点力气就拿下一个据点。

等孙权接到消息赶过来时,曹操已经安安稳稳地安营扎寨了。

眼见战争发展到白热化的程度,谁知突然间两边都开始按兵不动,僵持了一个月之久也没有爆发一场战争。

于是,到了第二个月,实在无聊的孙权开始没事找事地挑衅曹操的军队,时不时搞一个水军偷袭,每次都能出奇制胜。虽说这种小骚扰不能造成大的伤害,可曹操总是失败,心情还是很低落。等到曹操醒悟过来不能和孙权搞水战的时候,曹军已经有三千多人被俘到孙权的兵营了。

曹操倒没有气急败坏,既然水里打不过孙权,就避开和孙权交战。

于是,曹操开始避而不战。

孙权见曹操整天躲在岸上,就组织了一个专业的"挑衅队伍",每天在水里向曹操大骂。

可曹操这边仍然无动于衷。

终于,孙权忍无可忍了,于是戏剧性的一幕也就出现了。

一天,孙权亲自率军大摇大摆地来到曹操的营地。

他一路招摇,曹军完全不明白发生了什么事,孙权一边参观着曹营,一边还和曹军士兵问好。

曹操自然也要趁此机会观察孙权的军队。

孙权一向以军纪严明著称,此时来示威带的又都是精兵强将,曹操眼里看到的除了惊叹还是惊叹。

曹操看着孙权整齐的部队,十分感慨地说出了那句很著名的话:"生子当如孙仲谋啊!"

孙权参观过后,大摇大摆地离开了。可没过几日,孙权再次来参观。不过不同于上一次,这次孙权是在大雾天,乘着船来查探曹操的士兵。

也正是这次检阅,孙权上演了历史上著名的草船借箭故事。

草船借箭这件事一直借着赤壁之战,把功劳归在诸葛亮身上,其实压根和赤壁之战没半毛钱的关系。不过,借箭的事情的确是有的,被坑的也的确是曹操,只不过借箭那方并不是诸葛亮,而是孙权。

当时曹操和孙权交战,孙权借着江东水路开着大船,趁着大雾浩浩荡荡地过来了。可孙权不是想要和曹操打仗,而是亲自前来参观曹操的水师。曹操隐隐约约只知道孙权率军过来了,但江面上全是大雾,曹操根本摸不清状况,更不敢贸然开战。

这边孙权擂鼓呐喊,那边曹操不明所以,为了以防万一,害怕被偷袭的曹操不管三七二十一,便下令要所有士兵向孙权的战船射箭。

而孙权这边则很自然地等着曹操亲自下令把箭射满船身,等到一面船身被射满而失去平衡以后,孙权便下令士兵将船调转过来,让船的另一面继续受箭,最终的结果大家都知道了:孙权率领着像是刺猬一样的船队回到了东吴。

小提示

.草船借箭发生在赤壁之战后第五年的濡须之战。公元212年,平定了马超等西凉军团的曹操重整旗鼓,将目标锁定孙权,打算一雪赤壁之耻。于是在十月,集结了号称四十万大军南下征讨孙权。

被出卖的人生
——刘备与益州的缘分

以刘璋中庸的思想,难有作为已经是既定事实,好在刘璋对益州并没有太大的留恋,既是为了百姓们免于战火,也是为了自己能够平静度日。于是,当曹操打算前来争夺地盘时,刘璋已经开始考虑将益州献给曹操,并且派了亲信张松和曹操商量交接事宜。

谁知当时曹操脑子进水,一看到面相丑陋的张松就觉得浑身不自在,怎么也不肯好好和他商量交接事项。

而张松也是一个心高的人,明明长得丑,但就是不能被别人说自己长得丑。从曹操这换来冷脸色的张松一气之下回到了益州,在刘璋面前数落曹操各种不是,反正刘璋不知道事情真相,听到张松对曹操的评价如此之差,也就放弃了将益州献给曹操的打算。

而张松给曹操负评的原因,除了曹操鄙视自己长得丑以外,还有一个很重要的理由:他已经被刘备收买了。

和益州很有"缘分"的刘备自然不能放过夺取益州的机会,可是此时已经是荆州牧的刘备总不能直接和刘璋要益州吧,那么只能从智取和武攻两方面考虑夺取益州了。

此时,刘备的军队大部分都忙着和曹操打仗,想要硬碰硬和刘璋打,恐怕只会自损兵力,那就只能采用智斗的方式了。

这个计划刘备已经打算了好久,终于可以实施,想必心情也十分激动。

有个前提条件,当年尚是刘备妹夫的孙权也忙着和曹操打仗,于是刘备便写信给益州刘璋,先表明自己与孙权的关系,又说明自己此时的实力不够,对孙权爱莫能助的心情,接着又说此时如果不将曹操派出的张鲁歼灭,那么张鲁自然要将目光转向刘璋的益州。一番陈述后,刘备该说正题了:他想从刘璋手里借兵和粮草。

刘备诚心诚意开口求助,加上刘备和刘璋都是汉室宗亲,刘璋不帮忙显得说不过去,况且刘璋这人本来就心软,面对别人的请求一向不会拒绝。就这样,刘备顺理成章地从刘璋手里借到四千兵马,以及相应的粮草资助。

刘备这边刚从刘璋手里拿了好处，就已经开始盘算着怎么攻打刘璋了，可另一边张松事情败露被杀的消息却传到了刘备耳里。

刘备知道攻打益州一事已经到了紧要关头，就直接向刘璋宣战。

刘璋此时多么无奈啊，先是被自己的亲信出卖，接着又被自己的亲人出卖，可战争一触即发，刘璋想不应战也不行。

这个时候，刘璋身边有一位叫郑度的官员向刘璋献计说："刘备此时孤军，不过万人在益州，他的后续部队都被牵制在其他的战场，在没有粮草的补给下，不出百天他就会自己撤军。更何况他将您给他的白水军团主帅刚刚杀掉了，这等于四千白水士兵不会全心为他作战。因此，您不如把涪城附近的百姓全部后撤，把仓库中带不走的粮草全部烧光，然后修建工事，等到刘备断粮逃跑时，我们趁机率军出征，必擒刘备。"

可刘璋还是同情百姓，不忍心采用郑度的办法，就这样错过了打败刘备的机会。

在漫长的坚守战争里，刘璋无论是出战还是防守都显得力不从心，毕竟他的心思不在争权夺势的战场上。

公元214年，当刘备正式率军包围成都时，刘璋再也不愿意打下去了。在刘璋的眼里，这个乱世实在不适合他，人人尔虞我诈争权夺势。虽然当时城中仍有三万精良部队，而粮食也足够支持一年，更重要的是面对刘备的侵略，城中官员百姓都一致团结，希望抵抗到底。

可刘璋却对所有人说："我父子在益州二十多年，没有给百姓施加恩德，却打了三年仗，许多人死在草莽野外，只因为我的缘故。我怎么能够安心！"于是，刘璋下令开城门，出城投降刘备，益州也正式从刘璋的手里转交给了刘备。

小提示

刘璋投降以后，刘备将刘璋原本的财物归还于他，又将刘璋迁至公安，授予振威将军之位，但对于刘璋投降的做法，他的部下和百姓们还是为此惋惜痛哭。

相煎何太急
——曹植七步成诗

自古帝王之子为了王位都会拼得你死我活,也不想想兄弟身上与自己流着相同的血,为了利益什么事情都做得出来。

曹操百年之后,将王位传给了长子曹丕,虽然曹丕最终成了胜利者,但他唯恐自己的几个弟弟与他争位,便准备先下手为强,特别是对自己的三弟曹植,他更是妒忌万分。

曹丕始终觉得父亲本意并不想将王位传给他,而是想传给他的弟弟曹植。战乱时期,国家需要曹丕这样的将才,可是和平年代,似乎曹植的宅心仁厚更能稳住国家社稷。

一天,相国华歆上殿来奏说:"先王驾崩之时,临淄侯曹植、肖怀侯曹熊两人竟不来奔丧,理当问罪。"

曹丕听奏,立即派使者前往临淄和肖怀问罪。不久,肖怀使者回来说:"肖怀侯曹熊恐怕问罪,自己上吊死了。"

曹丕听了,命令用厚礼埋葬,并下令诏赠曹熊为肖怀王。

又过了一日,临淄使者来报说:"临淄侯曹植整日与丁氏兄弟饮酒作乐,根本不把您的旨意放在眼里。那个丁仪还破口大骂说:'过去先王本打算立我主为世子,结果被奸臣所阻,现在先王刚死不久,就来问罪于同生骨肉,不知是何道理?'丁廙也附和说:'我主聪明冠世,自然应当继承王位。'后来临淄王竟一怒之下叫出武士,将臣乱棒打将出来。"

听到这里,曹丕大怒,立刻命令许褚率领三千兵马,火速到临淄擒拿曹植等一干人来。

许褚奉命来到临淄,冲入城中,将喝得烂醉如泥的曹植与丁氏兄弟捆绑起来,押入了兵车;府内的大小官员也都捉拿起来,随曹植一同解往邺城。

曹丕的母亲卞氏听说曹植被抓了起来,急忙上殿来求情。

她哭着对曹丕说:"你的弟弟曹植平生好酒轻狂,不过是仗着胸中有点才学,所以放纵罢了。你应该念同胞之情饶他一命,这样,我到了九泉之下才能瞑目。"

曹丕对母亲说:"我也深爱他的才学,不会加害于他的,请母亲放心。"

卞氏离开后,华歆问道:"方才太后是不是来劝你不要杀子建?"

曹丕说:"是!"

华歆说:"子建有才有智,终将对你不利。假如不早把他除掉,必定成为后患。"

曹丕无奈地说:"母亲的意思不可违背。"

华歆建议道:"人人都说曹子建出口成章,主上可以召见他,以才试之。假如作不成诗就杀掉他,假如能作成诗就贬谪他,以堵住文人之口。"

曹丕深表赞同。

于是,曹丕借口要举行家宴,把曹植召入宫中。

酒兴正浓时,曹丕看着忐忑不安的弟弟,杀心顿起,佯装酒醉,对曹植说:"父王在世的时候,你常以文章在人前夸耀自己,我怀疑你是让别人代笔而作。现在限你在七步之中吟诗一首,如果能作出诗来,就免你一死;如若不能,就严加治罪,绝不宽恕!"

曹植倒吸了一口气,但是君无戏言,他只能照办。

曹丕看殿上挂着一幅水墨画,画有两只牛在墙下顶架,一头牛坠井而死。于是他指着这幅画说:"就以这幅画为题吧,诗中不许犯'二牛斗墙下,一牛坠井死'的字样。"

一步,曹植心烦意乱,脑袋一片茫然,高高在上的曹丕看出他的烦乱,嘴角不禁挑起一丝微笑。

两步,曹植看见哥哥的笑脸,心中一阵寒气,这是那个从小一起吟诗作乐的哥哥吗?如果没有生在帝王家,兄弟之间会不会和睦相处呢?三步,他定了定神,思路瞬间被打通了。

四步,五步,六步,七步。

"想好了吗?"曹丕笑着问,神情竟似寻常人家和蔼可亲的兄长。

曹植看着不怀好意的哥哥,心里感到万分的凄凉,他扑通一声跪倒在地:"想好了。"

于是,他脱口吟诗一首:"两肉齐道行,头上带凹骨。相遇块山下,欻起相搪突。二敌不俱刚,一肉卧土窟。非是力不如,盛气不泄毕。"

曹丕听后十分惊讶:"七步成诗,我感觉还是慢,你能够应声而作一首吗?"

曹植说:"请出题。"

"我和你是兄弟,就以这个为题,不许犯'兄弟'二字。"

曹植不假思索地说道:"煮豆燃豆萁,漉豉以为汁。萁在釜下燃,豆在釜中泣。本是同根生,相煎何太急!"

吟完这首诗,曹植眼含热泪看着曹丕:如果这首诗不能打动哥哥,只能说明主上已经变成了杀人不眨眼的冷血动物,自己命当该绝。这是一场赌注,他在赌曹丕心里对亲情的那一点留恋。

曹丕听完这诗,仿佛听见了豆子的哭泣,刹那间心软了。

他走下殿,扶起跪在地上的曹植,笑容温暖如冬日午后的阳光:"好诗!我弟弟果然是当世的才子!"

曹植长长舒了一口气,虽然心里还是有些顾虑,但他毕竟赌赢了。他赌赢的,除了兄弟之情,还有哥哥心中那份从小养成的浪漫情怀。曹丕和曹植一样,也是个诗人,兄弟二人经常聚在一起吟诗作对。也许曹丕在这一瞬间激起的,不仅仅是久违的亲情,还有对往事最纯真的追忆。

曹植逃过一劫,从此兄弟相处基本上就是井水不犯河水。

小提示

在中国历史上,一个统治者登台,必然要伴随着屠杀。开国之君如此,太平盛世父崩子继者也如此。最高权力的争夺,从来都是激烈的生死较量。翻开史书,任何一位帝王,无一不是在杀戮的腥风血雨中登上宝座的。曹氏弟兄的争夺,不是第一个,也不会是最后一个。

老天爷最"给力"
——关羽放水淹七军

刘备占领了益州后,孙权来向刘备讨荆州,刘备不同意,两人闹得很不愉快。后来,听说曹操要攻打汉中,两人才又结盟,将荆州以湘水为界,以西为刘备,以东为孙权。

荆州的事情解决了,刘备就专心对付曹操,让诸葛亮坐镇成都,亲自率军向汉中出发。

曹操听说刘备带兵出征了,马上也率军与刘备对抗。他亲自坐镇指挥,两军僵持了一年。

第二年在阳平关一战中,刘备大胜,夏侯渊被杀,曹操不得不退出汉中,撤退到长安。

这样一来,刘备在益州的地位就更加稳定了。

公元219年,刘备自立为汉中王。随后,按照诸葛亮的计划,是要从两路攻打曹操,上一次在西面的汉中打了胜仗,所以这次从东面荆州打入中原。

而镇守在荆州的正是关羽,自刘备做了汉中王以来,就派人封关羽为前将军。本来关羽不愿意,后来听人解释,才知道里面缘由,刘备是重用他,这才高兴起来。

从荆州攻打中原,刘备让关羽进攻,关羽就派了部将留守江陵和公安,亲自带兵向樊城进攻。

在樊城的魏军守将是曹仁,他得知这个消息马上告知曹操,曹操便派了于禁、庞德两人带领队伍前去支持。

来到后,曹仁让两人带着大军在樊城北面的平地上驻扎,和城中好相互照应,使关羽无法攻打进来。

蜀军和魏军正在僵持的时候,樊城下起了大雨,汉水极速上涨,平地上的水都涨出了一丈高。而于禁把军队驻扎在北面的平地上,这一下大水从四面八方涌来,把军队都给淹了,于禁不得不带着他的军队找个地势高的地方避水。

关羽其实早就看到了,趁着水势,安排了大小船只,领着水军就向魏军攻了过去。先是把主将于禁给包围起来,让他放下武器投降。于禁被关羽困在一个水中

的土堆上，看无路可退，只有投降了。

而庞德带着另一批士兵到一个河堤上避水，关羽的水军围了上来，船上的弓箭手朝着庞德所在的河堤上放箭。庞德手下十分害怕，对庞德说："我们还是投降吧。"庞德听到手下这么说，大骂他没有志气，拔剑将这名士兵砍杀了。

余下的士兵看到庞德这个样子，都跟着他上前抵抗。

庞德箭法很好，关羽的水军被他射杀了很多，两军从早上一直打到下午，庞德弓箭都用完了，就让士兵们拿着刀出来搏斗砍杀。

他跟身边的士兵说："我听说良将不会为了怕死而逃命，烈士不会为了活命而失节，今天就是我死的日子。"

这时候，大水越涨越高，河堤上的地面越来越小，关羽的水军则进攻得越来越猛烈，魏军纷纷投降。

庞德则趁乱带着三个士兵从蜀军手里抢了一条小船，想逃向樊城。

不料一个大浪袭来，把小船打翻了，庞德掉入水中，被关羽的水军给活捉了。

士兵把庞德带回关羽的大营，关羽好心劝他投降，可庞德却大骂："魏王手里有一百万人马，威震天下。你们的主子刘备，怎么能与魏王相比，我宁愿做魏王的鬼，也不愿意做你们的将军。"关羽听到，让士兵把庞德拖出去斩了。

关羽借着大雨涨起来的水势，消灭了于禁、庞德带领的七支军队，乘胜追击，要拿下樊城。

【关羽擒将图】

这时候的樊城，里里外外都是水，城墙也被大水冲坏了好几处，曹仁的手下都很害怕，有人就对曹仁说："现在这个样子怎么守啊？还是趁着关羽的军队没到，赶紧乘船走吧！"

曹仁也觉得再守下去不仅丢了城，还会被杀，就与守城的满宠商量。

满宠说："过几天水就会退下去了，听说关羽已经派人在另一条道上向北进攻，他自己不敢攻，是因为怕我们截住了他的后路。要是我们逃走了，那么黄河以南恐怕就不是我们的了，还请将军再坚持一下。"

曹仁认为满宠说的有道理，就鼓励将士们守城。

可是这时候，在陆浑的百姓孙狼发动起义，杀了县城里的官员来回应关羽，整个许都以南，也有很多人起义响应关羽，一时关羽的威名响彻了整个中原。

小提示

打仗这种事，注重的是天时、地利、人和，而首要的就是天时。老天帮着关羽，给整个樊城下了一场大雨，而于禁把军队驻扎在平地上，大雨下来首当其冲，没有好的地利，导致七支军队都被关羽的水军给打败了。

傻人有傻福
——刘禅快乐度余生

三国中的刘禅,早就被后人诬蔑得丑陋不堪,好像他根本不配当盖世英雄刘备的儿子,是一个窝囊废、软骨头、地道的可怜虫。但如果换个角度来看,刘禅还真是一个了不起的人物,而且并不比三国时期那些所谓的英雄逊色。

首先,刘禅有一个乐观的人生态度,他讨厌战争,向往和平稳定的幸福生活。刘备准备率领大军讨伐东吴,为关羽报仇,临行问刘禅有什么话说,刘禅笑嘻嘻地回答,听说东吴的一种鱼很好玩,希望父亲能带回几条。可见刘禅并不关心战争,更关注生活的乐趣。诸葛亮屡次出兵伐魏,刘禅也劝告说,如今三国鼎立,正是和平好时候,叔叔你为什么不好好享福,还要兴兵打仗呢?

刘禅之所以在没有父亲的庇护下,独享皇帝幸福生活四十多年,最重要的一点是他有着异于常人的容人之量。这一点,连他的老子刘备也自愧弗如。他容忍了诸葛亮专权十一年,容忍蒋琬、费祎、姜维等人把持朝政三十年,他的人生态度是:只要能保证我的幸福生活,你们爱怎么折腾就怎么折腾。而且他非常仁义,从不主张杀人,对待那些犯了错误的大臣,也是建议尽量不要使用死刑。魏延造反被杀,令他感到惋惜,赐了口棺材,让人好好埋葬。

当然,刘禅也并非是昏庸无能的糊涂虫,其实他的头脑非常清醒,在假装糊涂中知人善用。诸葛亮在位时期,他迫于无奈,但又看中了诸葛亮过人的本事,所以任凭他一手遮天。诸葛亮一死,他立刻废除了丞相制度,虽然继续沿用诸葛亮的治国之策,但把权力分散到蒋琬、费祎二人手里,让二人互相制约,如同今天的三权分立,使蜀国再没有出现一人独揽朝政的现象。等到蒋、费二人死去之后,他就一人独掌朝纲,虽然让姜维辅佐他,却没有给姜维太大的权力,确保了自己地位的稳固。

人们最不齿刘禅的,莫过于乐不思蜀了。

当时,司马昭和刘禅一起饮酒,司马昭为了试探刘禅是否真心投降,故意让乐队演奏蜀国的音乐,别人都感到悲伤,而刘禅听到音乐却非常开心。这种发自内心的正常反应,却被很多人讥笑,司马昭甚至对贾充说,这样一个糊涂蛋,别说是姜维,就算诸葛亮活到现在,也帮不了他的忙。贾充回答说,如果他不是一个糊涂蛋,你怎么能吞并蜀国呢？司马昭不怀好意地问刘禅，你还想你的蜀国吗？刘禅不假思索，脱口而出：我在这里很快乐，为什么要思念蜀国呢？他的一个手下郤正听说了，就教他说，以后司马昭再问你这话，你应该大哭着说，祖宗的坟墓都在蜀国，我日夜惦念，这样，司马昭就会放你回去了。等司马昭再问刘禅，他果然就那样回答了，回答完闭上眼睛，假装要哭的样子。司马昭当场揭穿他说，我怎么觉得这是郤正的口气啊。刘禅大吃一惊，说，你说得一点没错。众人听了都哈哈哈大笑。司马昭非常喜欢刘禅的诚实，不仅没有杀他，还给他封了侯，让他享受不错的生活待遇，继续过着无忧无虑的幸福生活。

其实，乐不思蜀正是刘禅的大智慧。作为阶下囚的亡国之君，稍有不慎便是灭顶之灾，想要保全自己的性命，就必须给人一个"此人不足为虑，我无忧矣"的印象。于是刘禅只好"此间乐，不思蜀"，让司马昭对他失去戒备心理。

刘禅不愧是天才演员，其精湛的演技不仅骗过了奸诈的司马昭，还骗了后世的人们。

> **小提示**
>
> 刘禅对司马昭说，在洛阳很快乐，以至于不想念蜀地，也因此出现了"乐不思蜀"的典故。后来多用乐不思蜀比喻在新环境中得到乐趣，不再想回到原来的环境。

满城都是硫磺
——来自博望的大火

话说当年刘备尚无诸葛亮相助,还寄居在刘表所管辖的新野。

刘表趁着曹操忙于官渡之战,他想要取得许都,命刘备带兵出征,于是刘备开始了北伐。

刘备率军一直打到了叶县,等快要接近许昌的时候,曹操这才意识到危急性,紧急把大将夏侯惇、于禁、李典调到许昌战场反击刘备。

刘备半路碰到曹操的大军,只好撤退到博望,选择在此与曹军对峙。

不过,两军对峙过程中,刘备却并不与曹军真正交战,反而只是刻意派出少数军队与夏侯惇打,还要求自己的军队故意输给夏侯惇,要多弱不禁风就有多弱不禁风。

等到夏侯惇占足了上风,刘备更表现出落败而逃的样子,直接把自己军队的营寨给烧了。

这把大火有多旺可想而知,当时刘表派刘备率领大军是为了攻击许昌,也是为了挫败曹操的锋芒。以曹操在当时的影响力,刘表哪里敢轻敌,而刘备一路率军攻打过来,在遇到夏侯惇之前基本没受到什么阻力。等到真正与夏侯惇的援军交锋,刘备也始终保存实力。万余兵力驻扎的营寨,单靠想象也能知道刘备的军营占地面积有多广了。可刘备却一把大火把自己的地盘给烧光,简直就是破釜沉舟。

这把大火在博望城中烧得浩浩荡荡,隔着老远就能见到冲天的火光,以及团团的烟雾。

等到夏侯惇的大军不明所以赶过来的时候,已经是废墟残垣,夹杂着硫磺残余的气味。

打仗能打到如此置之死地,夏侯惇哪里想得到。眼见刘备竟然什么都不要,为了逃跑,索性一把火烧了,夏侯惇的骄傲心情可想而知。

这番戏做下来,夏侯惇还有什么理由认为刘备有能力继续和自己作战呢?既然刘备大军已经不堪一击,夏侯惇更要乘胜追击,一举剿灭刘备。

可就在这时,夏侯惇身边的李典却主张不要追击,认为其中可能有诈。可毕竟夏侯惇才是主帅，在胜利面前，他哪里还听得进李典的劝谏，说什么也要追击刘备。

夏侯惇本就轻敌，追击刘备的时候更没有防备。当他的军队追击到狭窄的林间山路时，却突然遇上刘备的伏兵，夏侯惇被打了个措手不及，损失惨重，好在李典有先见之明，预先准备了自己的军队做接应。

得知夏侯惇遇到埋伏，李典立即指挥人马前去帮忙，这才救出了夏侯惇。

小提示

《三国演义》中有个著名的桥段"火烧新野城"，是讲诸葛亮以火烧之计令曹军大败，但历史上并没有火烧新野的故事，而是发生在博望，放火的也不是诸葛亮，而是刘备本人。

说说曹操的狼狈相
——割袍断须躲马超

曹操为人生性阴险狡诈，更是不把别人放在眼里，一心只想夺得天下，在战争期间做尽了不仁不义之事，可却从未想过会得到报应这一说。

而那马超也是一名有本领的武将，听说曹操居然害了他的家人，满腔的愤怒都在战场上化为力气，要与曹操拼到底。

当时，曹操命令钟繇、夏侯渊带领军队进攻汉中，但是要经过马超所在的领地。这消息被马超知道后，他与手下众将都认为，曹操会借着攻打汉中的机会攻打他们。所以马超便联合了韩遂一起反攻曹操，率领十万兵马在渭河、潼关安营扎寨，并举荐了韩遂为都督。

曹操命曹仁带着钟繇、夏侯渊出发，曹操随后就到。

可是曹仁到了之后，畏惧马超他们的人马，只能守在潼关，派人通知曹操。

曹操听后十分气愤，一个小小的马超也敢拦我的路，便加快了前进的速度，并派遣曹洪、徐晃先到潼关接替钟繇把守，告诉曹洪只要守住潼关十日即可，十日后便会带着大军到达。

曹洪、徐晃带着人马驻守潼关，马超这时带着人马来到关下大骂曹操三代人。

曹洪听见后大怒，要带兵去攻打，被徐晃拦了下来，劝说曹洪："这是马超的激将法，我们只要听丞相的话，守着潼关，等着大军到来。"可是，马超日日带人到关下辱骂曹操，到了第九日，曹洪在关上看到西凉军在关下睡懒觉，就命人备马下关厮杀，吓得西凉兵赶紧往回跑，曹洪看到很是得意，便带兵追了上去。

徐晃得知后很是吃惊，便带兵追曹洪，要他快回来。这时突然听见后面传来叫喊声，马岱领兵从前面杀来，他急忙掉头往回走，可是刚回头就看到后面的马超和庞德，两人抵挡不过，失了大半军队。

庞德和马超乘胜追击，夺下了潼关。

曹洪丢了潼关，曹操带兵想要夺回。

曹仁劝说："先安营扎寨，然后再打也不迟。"曹操便命人砍树安营扎寨。第二天，曹操带领手下大小名将向潼关杀去，正好遇到了西凉兵，双方都摆出阵势，准备开战。

曹操骑马立在门旗下,看着对面西凉的士兵,个个都是英雄好汉。前方站着马超,马岱与庞德各站左右,便上前对马超说道:"你是汉朝名将的子孙,为什么要背叛朝廷?"

马超恨不得现在就杀了曹操,大骂道:"曹贼,你欺负皇上,罪恶深重,杀害我的父亲和弟弟,我跟你有不共戴天之仇,我一定要杀了你!"说完,就上前厮杀。

曹操命身后于禁出战,斗了几个回合就败下阵来。曹操又让张合出战,这回战了二十回合也败下阵来。之后李通出战,更是让马超给刺下了马。

马超用枪向后一指,西凉士兵一齐向前冲,曹军大败,急忙逃走。

这时马超命士兵们高喊:"穿红袍的是曹操。"曹操听了急忙将自己身上的红袍丢掉。这时又听到西凉兵高喊:"长胡子的是曹操。"曹操惊慌失措,竟然用自己的佩刀将胡须割了下来。西凉兵看到后,便告诉马超,马超便又命人高喊:"短胡子的是曹操。"曹操听到,立即扯下衣角包住下巴逃跑。

他边跑边回头看,马超居然追了过来,曹操惊恐万分,左右将士看到马超追来,都抛弃曹操纷纷逃走。

马超看到便大喊:"曹贼,你跑不了了,今日我就杀了你。"吓得曹操丢了马鞭。

眼看马超就要追上来,赶紧绕着树跑,马超一枪扎到了树上,等拔下枪时,曹操已然逃远。

马超赶紧去追,这时听到对面山坡有人喊:"不要伤害我的主公,我曹洪在此!"

曹操就在曹洪的帮助下保住了性命,曹洪与马超大战了四五十回合,夏侯渊急忙赶来帮忙,马超抵挡不过,掉头回去。

曹操感叹:"若是我当时杀了曹洪,今日必定会死在马超手里。"想想都心惊胆战。

小提示

若当时曹操因为曹洪没有服从命令而杀了他,那么曹操当日也就会被马超所杀。有时候做人的一念之举,决定了日后的生死。

刘后主是块"大肥肉"
——截江截下个刘阿斗

当年马超单枪匹马打得曹操割须弃袍,这无疑是给天下英雄打了一剂强心针。

如今,马超和曹操二度开战,英雄豪杰们还没来得及为马超擂鼓助威,就已经传来马超战败的消息。

马超被曹操赶出了西凉,唇亡齿寒,下一个目标就该是汉中,张鲁这下可坐不住了。

张鲁要打仗,肯定就要找西川的刘璋帮忙。

刘璋想要打胜仗,就得请刘备来助阵。

等到前线战场乱作一团时,东吴的孙权就有机可乘了。

孙权看中荆州这块地不是一天半天,此时刘备出兵帮着刘璋联合张鲁对战曹操,没什么事的孙权正好可以来个乘人之危,把荆州给占过来。

不过,孙权想要出兵打刘备还有个顾虑,自己的妹妹在荆州给刘备当老婆,一旦开战,岂不是直接做了刘备的人质。于是,孙权便请出自己的母亲吴国太,给孙尚香写了封家书,信中写着自己老来病重,思念女儿,也思念自己的外孙,想要孙尚香带着刘备的儿子刘阿斗一同回来看看自己。

孙权这个算盘其实打得很好,既能把孙尚香从大战在即的荆州战场上解救回来,还能顺带拐上一个刘阿斗做人质,可谓是一举两得。

孙权想要拐走刘阿斗的心思再明白不过,这吴老太本身就没见过阿斗,何况阿斗的亲妈也不是孙尚香,自然不是吴老太的外孙,可这件事总要有个说得过去的理由,毕竟刘阿斗这个时候是刘备的独苗,是刘备将来的继承人。

这个人质的分量可是胜过百万雄师。

有了策略以后,下一步就该实施了。

于是,孙权派了一个叫周善的将领带领五百士兵,假扮成商人,分散乘坐五条商船,由水路前往荆州。

孙尚香和刘备本来就是政治联姻,又是老夫少妻,在刘备的地盘孙尚香早就待不下去了,这时候看到自己哥哥派人来接自己回东吴,自然喜不自禁。

可是天真的孙尚香看了吴老太的书信,第一反应是:既然要带着刘阿斗,就应当和军师诸葛亮打声招呼。

周善哪能同意,赶忙拦着孙尚香,说:"如果军师不让夫人走怎么办?万一吴老太的病等不了太久,岂不是耽搁了。如今还是先抱着阿斗回去再说,日后送回来就是了。"

到底是娘家人,孙尚香一听,觉得周善说得也有道理,就跟着周善悄悄抱着阿斗离开了。

孙尚香前脚刚走,在江岸附近巡逻的赵云就收到了消息。

夫人走了不要紧,阿斗离开了可就不妙。

此时刘备还在战场上拼死拼活,要是回来知道儿子被拐到东吴了,岂不是得急死?

这时,赵云看到江边有一条小渔船,想都没想就跳了上去,拼命摇橹追赶周善的商船。

周善远远看到追过来的赵云,赶忙命弓箭手射箭阻拦,可都被赵云一一挡开了。

到底是能"单骑救主"的赵云,在周善的冷箭攻势下不仅毫发无损,还冲上了周善的大船。

这时候孙尚香听到船舱外的打斗声,也抱着阿斗出来了,看见赵云和自己的娘家人打成一团,孙尚香怒斥赵云无理,又摆出夫人的架子责问赵云是不是要造反。

赵云不卑不亢地回答:"夫人要回去探望母亲,您自己可以回去,但不能带走阿斗。主公只有这么一个血脉,不能落到江东。"

孙尚香一听更是生气,这赵云分明就是信不过自己。一怒之下,孙尚香更是抱着阿斗死不放手。

赵云劝说无效,只能硬抢。

抱着阿斗的孙尚香见赵云铁了心要抢走阿斗,赶忙让侍女拦住赵云。

可区区侍女哪里能拦得住赵云,没两下阿斗就被赵云抢过来了。

不过,赵云虽然抢回了阿斗,但毕竟是置身于江水之上,如何脱身还是个问题,只能随着周善的大船一路驶往东吴。

正当危急关头,赵云忽然看到下游出现了十几条战船。

赵云这时的心情应该是糟透了,本来已经无路可走了,现在东吴的援兵又到,自己只能是死路一条了。

可等船队贴到跟前时,发现张飞赫然站在上面。

张飞一到,当即拔刀杀了周善,这时换成孙尚香孤掌难鸣了,只好问道:"你为

什么这么无礼？"

张飞回答："夫人私自回家，才是无礼。"

孙尚香解释说："我母亲病重，倘若等主公回来岂不是耽误了？你们今天如果不肯放我走，我情愿跳江而死。"

张飞一听，也不再强留孙尚香，说道："如果夫人顾念夫妻之情就早日回来。"然后，张飞就和赵云带着刘阿斗回去了。

小提示

陈寿撰写的《三国志》，将关张马黄赵合为一传，而且仅排在诸葛亮传之后，列于蜀汉各文臣武将之首。而五位将军又有虎将之名，关羽、张飞被称为"熊虎之将"，赵云被称为"虎威将军"，马超"与翼德并驱争先"，黄忠"勇毅冠三军"。

诬告可不是好事
——刘备怒鞭督邮

要说刘备年轻的时候,虽然有很大的志向,可实际上并没有做什么正事,但毕竟也算是个没落皇亲,靠着贵族关系,在当地还是混上了一个安喜尉的职务。

不过,刘备这个小官并没有做长。

事情要从督邮例行公事检查各县工作说起。

当时这个督邮有够倒霉的了,恰好被分到刘备当官的县城来巡视,而刘备在官场上初出茅庐,一心想要巴结这个上级派来的督察组组长,自然在督邮面前没少讲好话。

可是刘备却挑错了时间,赶上中午去拜访督邮。而这督邮十分有原则,秉持着中午要午休不工作的原则,说什么也不见刘备,还要手下传话给刘备说:有什么事等到工作时间再说,现在是午间休息不办公事。

刘备并不了解这个督邮,皇亲的自尊感让他深以为是督邮对自己看不过眼才会避而不见,并不认为这其实就是督邮讲原则而已。

可刘备认定了督邮不喜欢自己,也自然认定了督邮回去之后会打自己的小报告。

刘备虽然在任期间没什么大的作为,可也算是尽忠职守,从来没犯过错误。刘备一想到督邮回去会打自己的小报告,立即又想到督邮一定会编造假话来诬告自己。这样一来,刘备可不高兴了,自己堂堂皇亲国戚,岂容一个小小督邮诬告自己。

这件事情虽然没有事实根据,可刘备自己却是越想越气,气到后来刘备简直觉得忍无可忍,直接带着一群朋友闯到了督邮的临时住处,与此同时,刘备还高喊着:"我接到了太守的命令,就地逮捕督邮!"

而这时候的督邮却并不知情,整个人沉浸在美梦中。

当刘备冲进督邮房间的时候,督邮完全不明白到底发生了什么事。

就这样,督邮莫名其妙地被刘备绑了起来。

刘备一路押着督邮,直接将督邮押送到边界,又把督邮捆绑在一棵树上。一切就绪以后,刘备抄起皮鞭就开始鞭打督邮,一连抽打了二百多下才停手。

事件篇　看豪杰乱世博弈

督邮不明所以地被人从床上抓出来，又是二话不说就被鞭打，此时哪里还有心思弄清来龙去脉，眼见刘备一鞭子一鞭子抽过来，督邮的嘴里都是求饶的话。

过了很久，刘备打也打累了，渐渐恢复点理智，看到遍体鳞伤的督邮此时已经是奄奄一息，这才放了督邮，毕竟犯法的事不能做。

倒霉的督邮检查工作还没能完成，就被刘备打了个遍体鳞伤。然而刘备呢，在这次事情以后，好不容易弄来的小官职也就没了。

此后的刘备又开始进入新一轮的待业期，而真正等待着刘备的大业也即将到来。

小提示

罗贯中的《三国演义》经过渲染和嫁接，将鞭打督邮这件事扣在张飞身上。故事中刘备做了县令，当督邮来视察的时候，因为刘备没给督邮好处，引得督邮不满，在市政厅内大骂刘备，且声称要回去告诉上层说刘备做了坏事。恰好被张飞听到了，他便把督邮绑起来鞭打一通，最后刘备也因此弃官离开。

图书在版编目(CIP)数据

关于三国的100个故事/江辉著. —南京:南京大学出版社,2017.3(2019.11重印)
(人文社会科学通识文丛)
ISBN 978-7-305-18337-9

Ⅰ.①关… Ⅱ.①江… Ⅲ.①中国历史－三国时代－通俗读物 Ⅳ.①K236.09

中国版本图书馆CIP数据核字(2017)第048087号

出版发行	南京大学出版社
社　　址	南京市汉口路22号　　邮　编 210093
出 版 人	金鑫荣
丛 书 名	人文社会科学通识文丛
总 主 编	刘德海
副总主编	汪兴国　徐之顺
执行主编	吴颖文　王月清
书　　名	关于三国的100个故事
著　　者	江　辉
责任编辑	焦腊文　官欣欣
照　　排	南京南琳图文制作有限公司
印　　刷	丹阳兴华印务有限公司
开　　本	787×960　1/16　印张14.5　字数268千
版　　次	2017年3月第1版　2019年11月第3次印刷
ISBN	978-7-305-18337-9
定　　价	30.00元

网　　址：http://www.njupco.com
官方微博：http://weibo.com/njupco
官方微信号：njupress
销售咨询热线：(025)83594756

* 版权所有,侵权必究
* 凡购买南大版图书,如有印装质量问题,请与所购
　图书销售部门联系调换